culture & life

Vita di Dante.
©2015 by Carocci editore, Roma.

VITA DI DANTE

Giorgio Inglese

文化生活译丛

但丁的生平

〔意〕乔治·因格莱塞 著
游雨泽 译

生活·讀書·新知 三联书店

Simplified Chinese Copyright © 2022 by SDX Joint Publishing Company.
All Rights Reserved.
本作品简体中文版权由生活·读书·新知三联书店所有。
未经许可，不得翻印。

图书在版编目（CIP）数据

但丁的生平／（意）乔治·因格莱塞著；游雨泽译．—北京：生活·读书·新知三联书店，2022.1
（文化生活译丛）
ISBN 978-7-108-07272-6

Ⅰ．①但… Ⅱ．①乔… ②游… Ⅲ．①但丁（Dante, Alighieri 1265-1321）—生平事迹 Ⅳ．① K835.465.6

中国版本图书馆 CIP 数据核字（2021）第 193520 号

责任编辑	周玖龄
装帧设计	蔡立国
责任印制	徐　方
出版发行	生活·讀書·新知 三联书店
	（北京市东城区美术馆东街 22 号 100010）
网　　址	www.sdxjpc.com
图　　字	01-2020-6076
经　　销	新华书店
印　　刷	河北鹏润印刷有限公司
版　　次	2022 年 1 月北京第 1 版
	2022 年 1 月北京第 1 次印刷
开　　本	880 毫米 × 1092 毫米　1/32　印张 8.75
字　　数	153 千字
印　　数	0,001-4,000 册
定　　价	49.00 元

（印装查询：01064002715；邮购查询：01084010542）

目 录

中文版序 ································ I
前言 ···································· VII
极简年表 ································ XI

1　先人（13世纪）························ 1
2　先人（12世纪）························ 6
3　出生与受洗（1265—1266）·············· 19
4　诗篇《花》（1286—1287？）············ 25
5　博洛尼亚（1287）······················ 33
6　轻装骑兵（1289）······················ 37
7　贝亚特丽切···························· 43
8　最亲近的朋友，圭多·卡瓦尔坎蒂········ 47
9　滑稽诗、音乐与绘画···················· 55

10	与哲学相遇（1293—1295）···········58
11	歌颂正义的诗人················67
12	担任公职（1295—1301）············72
13	流放（1302）··················86
14	白派流亡者联盟（1302—1303）········90
15	维罗纳（1303—1304）·············96
16	疯狂而不敬的同伴（1304）··········99
17	特雷维索（1304—1305？）。《论俗语》·····105
18	奇诺·达·皮斯托亚··············111
19	《飨宴》····················115
20	卢尼贾纳与卢卡岁月（1306—1308）······120
21	"七曲"传说··················125
22	从《飨宴》到《神曲》·············138
23	此生迷途的森林················146
24	在卡森提诺（1309—1310）。《地狱篇》与《炼狱篇》····150
25	伟大的亨利七世（1311—1313）·········155
26	《帝制论》···················162
27	《地狱篇》的完稿与校订（1313—1314）·····167
28	《地狱篇》的第一次传播（1314—1317）·····173
29	《炼狱篇》成稿（1314—1315）·········188
30	《炼狱篇》的传播（1315—1317）········193

31 维罗纳（1316—1319）·····198
32 拉文纳（1320—1321）·····204
33 《神曲》完篇（1321）·····210

补注·····219
缩写·····237
参考文献·····241
译后记·····249

中文版序

非常高兴我的著作《但丁的生平》能与中国读者见面，原因也在于担任翻译工作的是游雨泽博士这样的专业学者。

今年是但丁逝世七百周年，也是钱稻孙翻译《地狱篇》前三曲的一百周年，这位中国第一个翻译《神曲》的学者，恰恰是在罗马第一大学研习的意大利语。拥有数千年历史的中华文明不可能对《神曲》极为丰富的想象与动人的力量无动于衷：时至今日，读者们已经可以读到《神曲》全文以及但丁其他作品的中文版。关于诗人生平的研究（中国读者已经接触到了非常重要的原始资料，例如薄伽丘与布鲁尼的《但丁传》），以及他所处时代的社会与文化的讨论，则有助于在历史层面上理解他的作品。

举例来说，当我们读《地狱篇》第5曲时，会为爱的激情如此强烈而敏锐的表达所打动。然而我们不可忽略文化史中至关重要的一点：从法兰西与普罗旺斯封建宫廷起，自12世纪初，人们普遍认为，爱欲（eros）极大地体现了人的个性，男人与女人皆是如此。这一观点通过诗歌在欧洲大陆广泛流传，在基督教传统的道德意识内部撕开了一道对立的伤口。一个如弗朗西斯卡般，在诗人笔下充满动人心魄的激情却又遭到永恒惩罚的人物，正代表了这种对立。但丁将这一道德判断的"危机"转化为对情欲和对相爱之人苦痛而无望的相守之愿的高明又精妙的体察，正如弗朗西斯卡与保罗的幽魂在地狱中悲伤而虚无的结合。

而关于尤利西斯，我们又该说些什么呢？面对那艘载着年迈疲惫的水手的"小"船，我们深深感动：为了凝视无边海洋上方无人见过的闪耀群星，他们奋不顾身投入那场极端的冒险，扬帆前往太阳背后杳无人迹的世界。然而，在这个形象背后，必须认识到思想史上的一个大事件：12世纪末期，亚里士多德哲学再次进入人们的视野，这个极为有力的概念体系迫使基督教神学家们面对一种戏剧性的对立，而他们必须在此二者之间找到和解之道。以希吉尔·第·布拉班特（但丁将他与其他有福的哲人一道置于第四重天）为例，有的思想家甚至认为，某些"理性的真理"是无法与"信仰的真理"相结合的。在但丁笔下，尤利西斯遭遇的海难的确象征着人类理性在缺乏信仰关照时的界限，但也代表了一个更深刻也更积极的现实。

对基督徒但丁而言，完美无缺的知识即是永恒的至福，这是毋庸置疑的，但诗人敏锐的情感与**现实的想象**（fantasia realistica），使他得以在尤利西斯的失败中，捕捉并呈现出人对知识永不停歇的渴望，这恰恰是因为，人永远无法达到那只属于神与死亡的"完美无缺"的状态。

马克思反对在文学与艺术作品中肤浅地寻找某种对社会现实的机械"反映"，研究艺术与文学作品"必须从物质生活的矛盾中，从社会生产力和生产关系之间的现存冲突中去解释"（《〈政治经济学批判〉序言》，1859；《马克思恩格斯全集》第13卷，人民出版社1962年版，第9页）。和其他"名著"一样，但丁的作品也代表了一个历史阶段的矛盾。在诗人眼中，佛罗伦萨早期强有力的商贸经济是恶魔的化身，以皇帝为首的贵族政治体系的衰亡意味着世界末日，意味着最终的神意即将降临（与之相反，根据马克思主义的观点，这意味着社会与经济制度的发展进步）。在但丁的思想意识中，皇帝与贵族政治"世界的终结"即是人类"世界的终结"，因此，他观察、思考人类所有的情感、完整的历史及其所处的宇宙，将彼时的现实理解为某种**最后的审判**（giudizio universale）。在此基础上，诗人得以描绘出如此广阔丰富的现实，（在西方文学史上）唯有莎士比亚的作品可与之相提并论：莎翁那朝气蓬勃、自由而多样的诗歌来自他对自身意识形态的表达，在他看来，英国资产阶级"世界的诞生"即人类"世界的（再次）诞生"。

如今，面对某些观点（尤其来自北美的大学），我们必须重申，任何文学艺术作品都深深植根于一种独特的历史文化之中。在这些大学中，一种迫害式的道德主义争论正威胁着古典文学艺术的研究，这种争论打着"政治正确"的旗号，正如菲利普·罗斯在他的荒诞悲剧小说《人性污点》中的精彩描绘。为使但丁免受此类攻击，一些美国批评家意图将诗人从其所处时代的道德观念中抽离，使他变得更"易消化"，成为一个对同性恋、犹太人或伊斯兰教宽容的人，成为"女权主义者"，富有"革命精神"的思想家，一个不随波逐流的反抗领袖，显然，他们认为，从古至今，教会、男性以及欧洲人都未能理解，或刻意忽略了但丁的这些"革命思想"。这是一种矫揉造作的做法，缺乏语文学根据，不仅反科学，还十分短视。捍卫古典诗人的方式，不是在他们身上强加所谓的**现实性**（attualità），而是承认他们作品中真正可贵的**普世性**（universalità）。

马克思写道："困难不在于理解希腊艺术和史诗同一定社会发展形式结合在一起。困难的是，它们何以仍然能够给我们以艺术享受……一个成人不能再变成儿童，否则就变得稚气了。但是，儿童的天真不使他感到愉快吗？他自己不该努力在一个更高的阶梯上把自己的真实再现出来吗？在每一个时代，它的固有的性格不是在儿童的天性中纯真地复活着吗？为什么历史上的人类童年时代，在它发展得最完美的地方，不该作为永不复返的阶段而显示出永久的魅力呢？"（《1857—1858 年经济学手稿·导言》，1857；《马克思恩格斯全集》第 12 卷，人民出版社 1962 年版，第 762 页）

  从唯物主义的角度来看，并不存在历史之外的普世性，而人类历史中的一切都是"普世"的，也就是说，人类历史中的一切在任何时空都可为人所用，人也参与创造历史。若我们承认，"人尤其是历史的产物"（葛兰西《社会主义与文化》，1916），那么认识历史即意味着在我们的记忆深处进行一场旅行，探寻"我们是如何成为今日的我们的"（come siamo diventati quello che siamo）。然而，为使这趟"旅程"不沦为一场欺人的幻梦，我们不仅必须认识过往的遗迹与文献，更重要的是，必须在其真实的历史性存在中认识它们：这正是语文学的任务所在。

乔治·因格莱塞
2021 年 3 月 20 日于罗马

前　言

　　了解但丁生平的途径主要有三种：档案中的文献；诗人作品中对个人生活的暗示和明示；关于但丁早年光景的传说（乔凡尼·维兰尼*、乔凡尼·薄伽丘、菲利普·维兰尼和莱奥纳尔多·布鲁尼的文本，参 Indizio，2005），《神曲》的早期注释，以及1310—1450年的编年史和史学论著提供的证据。在这个时期之外，除了《水与陆地问题》（*Questio de acqua et terra*）一书的首印版（威尼斯，1508），几乎找不到什么有用的材料。我们必须以不同的批评方法对待这三种史料。档案中的文献在19、20世纪经过了极其仔细的审查，以避免可能存在的同音异义（参 Barbi，1941，pp. 365-7）或虚假信息：1940年，雷纳托·皮

---

*　除个别特殊情况，书中人名译法参《意大利语姓名译名手册》，新华通讯社译名室编，商务印书馆，2012。书中星标皆为中译者注，后不再一一标示。——中译者注

亚托利（Renato Piattoli）将这一时期基本可靠的研究成果结集出版，命名为《但丁文献典集》（*Codice diplomatico dantesco*）。诗人在作品中提及个人生活的片段，对几乎所有重构的尝试而言，都至关重要：虽然，这些片段的真实性就其本身而言不容置疑，但仍须始终注意的是，这些但丁亲自留下的痕迹与他对自己写作风格的把控、理想化的尝试以及这些信息背后的文学意图之间的关系。也正因如此，我们更应使用规范的批评方式分析、研究关于但丁的传说与记录，抛弃先入之见，逐一评估这些记录的叙事来源是否可靠：它们可能并不真实，或至少受到了不同的文学及意识形态设想的影响。在此基础上，比起尝试第无数个带着同样小说味的重构，我认为更为合宜的解决方案是将确定、可信的史实与仅仅看似合乎逻辑的传说结合起来，邀请读者一起参与区分下述三者间的不同：史学‐语文学意义上的"确切"（当然总可以不断修正），有理有据的可能性，以及启发式的合理性。因此，在正式开始阐述我的重构之前，我先向读者展示仅基于最可靠资料的极简年表。

时至今日，最好的但丁传记无疑出自乔治·彼得罗基（Giorgio Petrocchi）之手（*ED*，附录，pp. 3-53）；津加雷利（Zingarelli, 1931）与卡尔皮（Carpi, 2004）关于但丁生平的章节提供了大量关于诗人的信息，因此也不容忽视。

乔托(Giotto)的但丁像

帕斯奎尼(Pasquini,2007)、戈尔尼(Gorni,2008)与桑塔加塔(Santagata,2012)的写作则更接近某种既关注但丁生平,也关注诗人作品的全方面回忆录。

极简年表

1265 年

但丁生平的主要事迹并不存疑。通过 1300 年"我们人生旅程的中途"(*If* 1.1 及 21.112-114)与对双子星座的歌颂(*Pd* 22.115-117),我们可以判断他出生于 1265 年 5 月 14 日到 6 月 13 日之间,或 5 月 21 日到 6 月 20 日之间:前者是 13 世纪"双子星座"的真实起止日期,因为"人间忽略了一天的百分之一"(*Pd* 27.143);后者则是传统上"双子星座"的起止日期,这一历法直到格里高利日历改革❶之后才重新恢复使用。薄伽丘在《详论但丁神曲》(*Esp.*

---

❶ 按照朱利安历法(calendario giuliano),即便每四年增加一天,每年仍多出 12 分钟(大致为一天的百分之一),日积月累,朱利安历法就与实际的太阳年产生了误差。在但丁的时代,每年的春分实际上是 3 月 13 日,比历法上的日期提前了整整八天。1582 年,格里高利十三世(Gregorio XIII)进行了一次校正,将 10 月 5 日至 10 月 14 日抹掉,并将每四个世纪的闰年减少至 97 个。

I［1］5）中谈到"拉文纳的彼埃特罗·加尔迪诺阁下（ser Pietro di messer Giardino），他是但丁在拉文纳最亲近的朋友和仆人之一"：彼埃特罗确认了"当但丁卧病在床奄奄一息时，自己已满57岁。因此，但丁很有可能是在公元1321年9月14日去世的"。总而言之，诗人应于1265年5月底出生于佛罗伦萨（这座城市毫无疑问是他的受洗地：*Pd* 25.8-9），于1321年9月13日夜晚或14日在拉文纳去世：乔凡尼·德·维尔吉利奥（Giovanni del Virgilio）为但丁所作的墓志铭中提到了"九月中旬"（参 Indizio, 2010, pp. 270-1）。诗人的遗体至今仍保存在拉文纳圣方济各大教堂中的罗马式石棺内。15世纪末期，人们搬迁、重修了但丁的空墓；后来，这座墓成了一个新古典主义风格小圣堂的一部分（1780-81）。

1277年

一份签署于1277年2月9日的公证书显示，马奈托·多纳蒂之女杰玛（Gemma di Manetto Donati）给阿拉吉耶罗之子但丁（Dante di Alaghiero）带去了200里拉小弗罗林币（*libr. CC flor. par*）作为嫁妆（*CDD* 42）。1329年8月24日的庭审一字不漏地引述了这份现已散佚的文献，据此，负责裁决造反者财产的法官判给杰玛26斗小麦，作为之前没收其丈夫财产的补偿（*CDD* 146）。这份公证书可以证明杰玛对嫁妆的所有权。一般而言，"事先约定好的"嫁妆"应该在婚礼前夕付清"（Zdekauer，1886，p. 100），因此，我们可以合理地假设，但丁和杰玛早在1277年就已结为夫妻（参Chabot, 2014）——虽然我认为，在男方18岁、女方14岁的法定年龄（Onclin，1965）之前，双方仍然各自留在父母家中。提早举行仪式的原因也许在于，因阿拉吉耶罗去世，家族（叔父伯内托？）希望但丁尽快与多纳蒂"家族"联姻（Zingarelli，1931，p. 101；参本书第9章）。在这种情况下，也就可以理解嫁妆为何如此微薄：200里拉小弗罗林币大致相当于125弗罗林金币。❶

1283年
1283年3月25日到1284年3月24日中的某一天❷，

---

❶ Barbi (1934, p. 175, n.); Goldthwaite, Mandich (1994, pp. 87-8). 1252年铸造的弗罗林金币重3.5克，价值1佛罗伦萨"里拉"，即35克银；接下来的几年，银价下跌，因此在1277年，一个弗罗林金币可以换1.6里拉小弗罗林币（*floreni parvi*），1292年将近2里拉，到了14世纪初大致可以换到2.55里拉（参Cappi，2013，p. 282）。1343年，汇率持续走低，一个弗罗林金币价值3.3里拉小弗罗林币（参*CDD* 183："15个弗罗林金币等于49里拉，1钱［soldo］等于10个小弗林币"）。诗人在《天堂篇》9.130咒骂的这一新货币［即弗罗林币。——中译者注］是佛罗伦萨经济发展狂飙突进的表现和象征，佛罗伦萨在13世纪下半叶成为基督教欧洲最大、最活跃的城市居民区之一。

❷ 佛罗伦萨人从耶稣道成肉身（*ab Incarnatione*）开始记年，但与比萨人不同，他们没有计算从道成肉身到耶稣诞生（Natività）中间经过的9个月。

"圣马蒂诺主教教区已故的阿利吉耶里之子但丁将自己从父亲那里继承的多纳托的 21 里拉债权转让给泰达尔多,多纳托是教皇教区已故的格拉多之子,泰达尔多则是已故的奥兰多·鲁斯蒂凯利之子"(*CDD* 47)。这份文献也已佚失,但我们可以通过 17 世纪一位名叫卡洛·斯特罗齐(Carlo Strozzi)的学者所做的摘录了解其大概内容。根据转让的日期,我们可以看到,但丁一满足法定年龄,便开始运作父亲的资产。

1295—1301 年

1295 年 12 月 14 日到 1301 年 9 月 28 日间 ❶,文献记录了但丁·阿利吉耶里在不同性质的佛罗伦萨市政会议上发表的多次讲话。❷ 但丁之所以能够如此频繁地参与政治

---

❶ 1298—1300 年的文献存在大量缺漏。

❷ 在但丁的时代,体制的核心是百人团会议(Consiglio dei Cento),由城市各个区域选举产生,具体负责市政开支。在某种意义上,从佛罗伦萨之前的政治结构继承下来的组织有:行政长官会议/委员会(Consiglio del Podestà)或市政会议/委员会(Consiglio del Comune;这是唯一一个仍对贵族开放的机构)以及首领会议/委员会(Consiglio del Capitano)或平民会议(il Consiglio del Popolo)。这套程序是这样实施的:"'行会首领'(i Priori delle Arti)或单独,或与行政长官,或与首领一道,召集'主要行会首领'(le Capitudini delle Arti)以及贤哲(i Savi)这些他们认为有用的人一起提出议案;随后,百人团会议、首领会议、平民会议以及市政会议决定是否通过这些议案"(Gherardi, 1898, vol Ⅰ, p.8)。

活动，是因为他加入了医生和药剂师行会：1297—1301年登记簿的一份15世纪副本可以证明这一点。登记簿记载了"阿蒂吉耶里家族的但丁·阿蒂吉耶里（Dante d'Aldighieri degli Aldighieri），佛罗伦萨诗人"（*CDD* 79；"诗人"的称号是最后一位誊写的公证员加上的）。然而，但丁加入行会的具体时间应在1295年7月6日到1295年12月14日之间，因为只在7月6日的体制改革之后，才有了"参加任一行会，可以进入执政团（Priorato）并享受一系列权利，但参与行会的人并不一定要实际从事这一行会的工作，只需要注册加入即可"的规定（Salvemini，1899，1960，p. 259）。❶ 但丁只能作为"医生"加入行会，因为医学和哲学实质上属于同一大类；而那些实际上想从事这一行业的人，则需要参加一个真正的资格考试（Ciasca，1927，pp. 267-70）。

但丁政治生涯有三个最重要的时刻。1300年5月7日，作为佛罗伦萨的特使，但丁前往圣吉米尼亚诺（San Gimignano）召开托斯卡纳圭尔夫派联盟联席会议（*CDD*

---

❶ 改革"使那些不是真正贵族的市民——他们既没有权力，也不铺张傲慢，却或因靠地租生活，或因与权贵家族有姻亲关系，而被视作贵族，不得参选公职——有机会担任公职"（Parenti，1978，p. 280）。但丁作为一个与多纳蒂家族联姻的小"收租者"（*rentier*），正符合这些条件。

73）。随后，他在6月15日当选为佛罗伦萨的执政官之一，并于8月15日结束任期。1301年6月19日，百人团会议讨论是否通过教皇卜尼法斯八世（Bonifacio Ⅷ）关于增加一百名士兵以对抗阿尔多布兰德斯基家族的提案，"但丁·阿利吉耶里认为不应该支持教皇扩张势力"。然而，大会还是以49票赞成，32票反对的结果通过了教皇的提案（*CDD* 84）。1301年4月28日，"确认佛罗伦萨政府权利"*的六位执行官员推选但丁负责监督从皮亚真提纳到亚弗里克这条路上的施工，这个区域曾经是阿利吉耶里家族的私产（*CDD* 80）。虽然许多但丁研究者都提到了诗人的这一职位，但客观而言，这份工作并不重要。

1302年

1301年11月7日，在教皇的"和平使者"（paciaro）卡洛·第·瓦卢瓦（Carlo di Valois）的帮助下，黑派夺取了政权；1302年1月27日，坎特·加布里埃利·达·古比奥（Cante Gabrielli da Gubbio）作为行政长官，判处包括但丁在

---

* 13—14世纪的佛罗伦萨，政治体制尚未成熟，政府与个体之间的权利与义务关系尚不明确（尤其在政府征用私人地产修建公路方面），因此存在负责"确认""界定"及"确定"政府权利与权力的官员，他们的任务是指导政府行为。

内的失势反对派一笔极重的罚金和两年的流放（*CDD* 90）。由于到期未缴罚金，也没有回到佛罗伦萨认罪，但丁和其他白派人士于3月10日被判处死刑（*CDD* 91："用火烧死"）并没收财产。最初，诗人和白派流亡者共进退。6月8日，在佛罗伦萨亚平宁山脉间的圣戈登佐（San Godenzo），诗人和其他白派、吉伯林派的代表一道，与乌巴尔迪尼家族（Ubaldini）签署了一份协议，准备进攻佛罗伦萨（*CDD* 92）。流放者们的战斗终结于1304年7月20日佛罗伦萨城门外那场惨烈的失败。但在此之前，但丁就已经脱离了白派（参本书第16章）。

1306 年

1306 年10月6日，但丁代表弗兰切斯基诺·马拉斯皮纳（Franceschino Malaspina），在侯爵莫罗埃隆（Moroello Malaspina）和科拉迪诺（Corradino Malaspina）的见证下，与卢尼地区的主教－伯爵安东尼奥·达·卡米拉（Antonio da Camilla）签订了休战协议（*CDD* 98-9）。

1311 年

亨利七世的当选（1308年11月27日）与他南下意大利的加冕之旅（1310年10月23日）深深地改变了彼时的

政治图景。文献记载了但丁在这一时期的政治立场：1311年9月2日，佛罗伦萨为了武装反抗皇帝，大赦了一批流放者，但丁并不在其列（*CDD* 106）。

1315年

亨利七世病逝于1313年8月24日，然而帝国的支持者与反对者之间的战争远未结束。以至于在1315年10月15日与1315年11月6日，一些"吉伯林派与叛逆者"被判处死刑，但丁与他的儿子们也位列其中。佛罗伦萨政府公开表示，任何人都可以"攻击他们、夺取他们的财产而不受惩罚"（*CDD* 114-5）。但丁之子彼埃特罗（Pietro）与雅各布（Iacopo）也一同论罪，这说明他们当时都已年满14岁（Indizio，2008，pp. 187-8）。

1321年

这一年关于但丁本人的文献档案不幸佚失，但我们仍能通过其他材料找到一些他的痕迹：1321年1月4日，因为没有按时支付圣玛利亚教堂与圣西蒙教堂的年度费用（尽管交款的限令在1320年7月就已经颁布了：Indizio，2008，p. 189），但丁之子彼埃特罗被拉文纳副主教开除教籍（*CDD* 126）。显然，彼埃特罗名下每年46弗罗林币的收益是用来赡养诗人及其家族的教会福利*（Biscaro，1921，pp. 43，48）。交款的限令和开除教籍这两个事件可以帮助我们推断但丁定居拉文纳的时间。

---

* 中世纪的教会可将其所有的地产"分配"给个人/家庭。被授予使用权的个人/家庭可获取这些土地的产出收益，但同时需要向教会缴纳收益的一部分。这就是教会福利（beneficio ecclesiastico）。在这个例子中，46弗罗林币是圣玛利亚与圣西蒙教会为了支持但丁及其家庭，分配给他们的土地所产生的收益，而彼埃特罗没有按时缴纳的"年度费用"指的是这些收益中本该属于教会的一部分。

1 先人（13世纪）

伟大的法利纳塔面对一个穿行于异教徒的石棺间，说话带着佛罗伦萨口音的活人，发问道："你的祖先都是些什么人？"（*If* 10.42）*听到这些名字后（这一行诗省略了这些姓名），法利纳塔的幽魂皱起了眉头，回答："他们猛烈地反对我，/反对我的先人，反对我的党派，/因此我把他们驱逐了两次。"法利纳塔这番话暗示了两次（1248年2月2日，1260年9月4日后）将圭尔夫派人士驱逐出佛罗伦萨的行动。而但丁（史诗中的人物，游历地狱、炼狱与天堂三界的旅行者）立刻记起这些圭尔夫派人士曾于1251年1月与1267年1月两次回到祖国。法利纳塔与但丁的回忆

---

* 书中的引文均为译者自原文译出。其中，《神曲》的引文参考了朱维基（上海译文出版社，1984）与田德望（人民文学出版社，1990）两个译本；《新生》的引文参考了钱鸿嘉译本（上海译文出版社，1993）；薄伽丘《但丁传》与布鲁尼《但丁传》的引文参考了周施廷译本（广西师范大学出版社，2008）。

一致聚焦各派间的冲突事件。根据市民传说，冲突事件始于兰贝尔蒂（Lamberti）与奔德尔蒙蒂（Buondelmonti）两大家族在1216年的一次争执（参 *If* 28.106-108），但在13世纪30年代"腓特烈遭遇斗争之前"（*Pg* 16.117），这一冲突尚未上升到政治层面：事实上，直到1246年和1250年，圭尔夫派和吉伯林派才分别在佛罗伦萨有迹可循（参Canaccini，2009，pp. 14-5）。借这一回忆，但丁试图将自己的先人塑造成"**皇帝党**"（Pars Imperii）的死对头，然而文献资料并不能完全证实这一点。

诗人的祖父，老阿拉吉耶罗之子贝林丘尼（Bellincione di Alaghiero il "vecchio"），生于12世纪90年代，生平自1232年起可考（*CDD* 3）。祖父在1246年已有六名子女（*CDD* 6）：小阿拉吉耶罗（但丁的父亲）、伯内托、德鲁多洛、贝洛、格拉多和多纳托，他们都出生于1220—1230年（R. Piattoli，*ED*，Ⅰ，p. 134）。根据历史学家的推测，早在彼时，老阿拉吉耶罗的家族就已与"圭尔夫派"多纳蒂家族沾亲带故了（Faini，i. c. s.）。

贝林丘尼是银钱商行会（l'arte del Cambio）的一员。1251年11月10日——正值"第一平民"（primo popolo）❶

---

❶ 平民（Popolo）这一概念不包括人口中最贫困的阶层——下层雇工阶层。

政权建立一周年之际,吉伯林派人士也在刚刚过去的8月被驱逐——贝林丘尼参与了一个由"长老会,旗手团和主要行会首领"成员组成的委员会,这个委员会批准了佛罗伦萨与热那亚的联盟。鉴于与锡耶纳吉伯林派之间的战争,1260年2月11日,隶属圣马蒂诺主教教区的贝林丘尼之子伯内托入选保卫圣彼得门(Por San Pietro)的步兵团(*CDD* 31);5月17日,在锡耶纳附近的营地,他开始从事道路维护的工作(*CDD* 32)。可以肯定的是,伯内托(也称贝托)是9月4日"大屠杀"的幸存者:他还参加了1278年的政务大会(Consiglio generale)与九十人团会议(Consiglio dei Novanta),并一直活到了1300年前后(Barbi,1941,p. 331)。

唯一符合诗人在法利纳塔面前自夸的被"驱逐"出佛罗伦萨的家族成员,其实并不属于贝林丘尼的直系后裔:这个人就是贝洛·阿拉吉耶罗之子杰利。杰利和贝林丘尼住得很近,他的房子属于被流放的圭尔夫派人士财产,名列在册,于1260年9月5日到1266年11月11日这一时期遭到吉伯林派毁坏,但他在事后却没有获得任何补偿(*CDD* 35)。杰利因"散布不和"与"制造分裂罪"出现在《地狱篇》(29.31-36)中:他在1280年11月之后遭到杀害,希望有人能为自己的横死报仇。根据彼埃特罗·阿利吉耶里在他的第二版《神曲》评注(1344-9,ms. Vat. Barb. lat. 4029,c. 5 Ⅳ)中提供的信息,我们知道杀人者是一个名叫勃罗达约·萨凯蒂的人。后来，杰利的侄子们杀死了萨凯蒂家族的一员为他报仇雪耻。1342年10月10日的"和约"证实了但丁本人与此事的直接关联：弗朗西斯科·阿利吉耶里（Franciscus cd. Alleghieri）代表但丁之子彼埃特罗和雅各布与一些萨凯蒂家族的代表签署了这份和解协定。依我之见，诗人针对这一事件的诗行应该写于复仇后（根据Piattoli的假设［*ED* Ⅰ，p. 142］，复仇事件大约发生在1310年），作为对这一行动的辩护。

因此，我们可以认为贝林丘尼的家族是平民"圭尔夫派"，但他们并未过度参与党派之间的斗争。尤值一提的是，根据推测，但丁于1265年出生在佛罗伦萨，次年受洗；这令我们相信，至少在这段时间内，小阿拉吉耶罗的家庭安然无恙地生活在这座城市中。在《地狱篇》第10曲中，但丁强调了**伟大人物**（maggiori）和他本人的反吉伯林倾向，目的在于，就"敌对圭尔夫派"的指控（"对圭尔夫派怀有敌意"是1302年审判但丁时的正式指控）为自己辩护，与此同时，他还希望通过塑造法利纳塔昂首挺胸的高大形象，通过把自身的悲惨经历与年轻的德·乌伯尔蒂家族成员*遭到的流放与迫害相提并论，赋予崇高的灵魂超

---

* 法利纳塔全名法利纳塔·德·乌伯尔蒂（Farinata degli Uberti），德·乌伯尔蒂家族即法利纳塔家族，吉伯林派人士。

越党派精神的重要性。这并不意味着《地狱篇》与其他两篇不同,在意识形态上属于"圭尔夫派"。自《地狱篇》第1曲第71行起,但丁便旗帜鲜明地支持"帝国理想":维吉尔在诗中宣告埃涅阿斯是"正义"的,驳斥了反罗马的《圣经武加大译本》(*la vulgata*)*中将埃涅阿斯塑造成特洛伊的叛徒和意大利的入侵者的做法——后者毫无疑问是**教皇派**(Pars Ecclesie)的宣传主题。此外,在第19曲与第26曲中,诗人对教皇卜尼法斯八世的最终判罪极其严厉。当但丁还在"修士学校"学习时(参本书第10章),他写下了《帝制论》中这个著名的片段(Ⅱ Ⅰ 2),彼时距《地狱篇》的创作还有很长一段时间:

> 我当初也曾为罗马人那所向披靡、称雄世界的功绩惊叹不已,因为我只是肤浅地认为,他们的霸业仅依仗武力而非凭靠公义得来。**

---

* *La vulgata*,又译《圣经拉丁通俗译本》,是一个5世纪的《圣经》拉丁文译本。由哲罗姆(Sofronio Eusebio Girolamo)自希伯来文(《旧约》)与希腊文(《新约》)翻译而成。
** 这段译文参考了朱虹译《论世界帝国》,商务印书馆,1985,第26页。

2 先人(12世纪)

与地狱中法利纳塔片段的基调大不相同,《天堂篇》第15、16曲借高祖卡恰圭达之口,提供了关于这个家族的其他消息。在火星天相遇时,高祖如是回答旅行者但丁的提问:

[……]你家族的姓氏起源于他,/他在第一层平台上/已经绕着那座山走了一百多年/他就是我的儿子,你祖父的父亲[……]在你们古老的洗礼堂里,/我同时成为基督徒和卡恰圭达。牟隆托和埃利塞奥是我的兄弟;/我的妻子从波河流域来到我家,/你的姓氏来自她。/后来,我追随康拉德(Currado)皇帝,/他授予我骑士称号,/我的英勇行为使我深受他的恩宠。/我跟随他去讨伐那个罪恶的宗教,/信奉它的民族/由于教皇们的腐化堕落,侵占了你们的圣地。/在那里,我受到那邪恶民族的毒害,/离开了诡诈变幻的

2 先人（12世纪）

人间……（15.91-146）

[……]自耶稣基督降世为人那日起，/直到我那如今已是圣徒的母亲生下我那天，/这火星回到它的狮子座下面，/在狮子脚掌底下重燃火焰/已有五百五十回，再加上三十回（cinquecento cinquanta e trenta fiate）。/我的祖先和我的出生地，/就在你们举行一年一度的赛马节时，赛马的人进入最后一区时最先到达的地方。/关于我的祖先你听到这些就够了，/至于他们是谁，从何处而来，/隐去不说比明白谈及更为合宜。（16.34-45）

让我们来解析这两段讲述中的要素：

Ⅰ 这个有福的灵魂名叫卡恰圭达（15.135）。从耶稣基督降世为人到他出生期间，火星转回狮子座五百八十回，这意味着他出生于1091年[1]，在佛罗伦萨受洗（15.134）。

Ⅱ 但丁的曾祖父阿拉吉耶罗是卡恰圭达之子，他犯了骄傲之罪在炼狱中已经一百多年了，因此是在1200年之前去世的。

---

[1] 根据阿拉伯天文学家阿尔夫拉加诺（Alfragano）的算法，火星绕宇宙中心转一圈需要687天，687天/圈×580圈＝398460天，再除以365天，为1091年余几天。

Ⅲ　卡恰圭达的两位兄弟名叫牟隆托和埃利塞奥；如同他们的先人，兄弟们也一起住在"旧市场"附近的老街上（Bruni, *Vita*, p. 539），每年圣约翰节的赛马进入圣彼得门的区域时，都会经过他们的住宅附近。如今，那里是斯佩齐亚利路的路口。但丁对卡恰圭达祖先的了解仅止于此（参 16.43-45）。

Ⅳ　卡恰圭达的妻子来自波河河谷，带来了阿利吉耶里这一姓氏（15.137-138）。对"你的姓氏来自她"这行诗最简明的阐释是，这位妻子的父亲名叫阿拉吉耶罗（Alaghiero），阿利吉耶罗（Alighiero）或阿蒂吉耶罗（Aldighiero）。

Ⅴ　卡恰圭达在追随康拉德皇帝时，因英勇的行为被授予骑士称号（15.139-141），并在与异教徒的战斗中殉身（15.145-148）。了解这一点后，旅行者但丁在与高祖的交谈中使用"您"*（16.16）这一尊称，以此表现对承袭自高祖的"高贵血统"（16.1）的自豪。

接下来，通过与文献和纪事年代史的比对，我们逐点查看，以上哪些信息可以得到确证。

---

*　原文中 voi 为第二人称复数"你们"，据说这一尊称始用于在古罗马称呼大权在握的恺撒大帝。为符合中文表达习惯，将此尊称译作"您"。下同。

2 先人（12世纪）

I 1189年12月9日与1201年8月14日的两份公文（*CDD* 1-2）证实了卡恰圭达确有其人。在这两份公文中，他是普雷伊泰尼托与阿拉吉耶罗已故的父亲。1189年12月9日的这份文献尤其明确："已故的卡恰圭达的儿子普雷伊泰尼托与阿拉吉耶罗兄弟"答应帮助圣马蒂诺教堂砍掉一棵无花果树，因为他们家的围墙就在这座教堂旁边。一份1131年4月28日关于圣马蒂诺附近土地的文献（Barbi，1934，p. 301）提到了作为证人的"亚当之子卡恰圭达"。但丁指出的出生年份或许令人困惑（Indizio，2008，pp. 243-4），因为一个人与其高祖相差一百七十岁的情况确不常见。然而，在一个其他方面的信息都十分模糊的大背景下，我们没有理由认为诗人"杜撰"了一个精确的日期。古代注释家们（Lana，Ottimo，Buti）假设火星转一圈需要两年，得出卡恰圭达生于1160年的结论——这不仅在史学层面上不可接受，更与"康拉德皇帝"（15.139）的大事记明显冲突。也许正是意识到了这一点，彼埃特罗·阿利吉耶里（在他的版本中，康拉德皇帝死于1140年）采用的是"三回"（tre fïate [tribus vicibus]）*这

---

* 即引文中的版本是"已有五百五十回，再加上三十回"（cinquecento cinquanta e trenta fïate），而彼埃特罗·阿利吉耶里选择的版本是"已有五百五十回，再加上三回"（cinquecento cinquanta e tre fïate）。

一变体（variante）*，即我们在埃格顿手稿**中读到的有细微讹误的版本"三回"（e n tre）；那么，依旧按照火星转一圈需要两年来算，卡恰圭达应出生于1106年（2×553）。就其本身而言，这个年份似乎更现实些；然而，鉴于但丁遵循的是阿尔夫拉加诺的天文算法（参 *Cv* II XIV 16），采用"三回"的结果甚至可能将卡恰圭达的出生年提前至1040年。***

24

II 1201年8月14日，威尼斯工人与工地负责官员雅各布·罗赛给佛罗伦萨行政长官帕加内洛·达·波尔卡里出具了一份偿还债务的收据，卡恰圭达之子阿拉吉耶罗（Alaghiero di Cacciaguida）和他的一个儿子（姓名不详）是见证人（*CDD* 2）。这位威尼斯官员的具体职务不详，他将这份收据交给了两位行政长官委员会的成员：已故的布特里杰罗之子西里奥与梅利奥莱罗·德拉·托萨

---

* 语文学意义上的变体（variante）指的是在学者对某一文本流传的多个版本进行对勘比较时，发现的版本间的差别。变体包括字形变体（variante grafica）、语音变体（variante fonetica）、词形学变体（variante morfologica）与抄写员造成的变体（variante d'amanuense）等。除了变体，版本间的差别还包括"讹误"（errore），分为多生讹误（errore poligenetico）与单生讹误（errore monogenetico），前者指某个不同抄写员可能都会独立犯下的错误，而后者则指某个不太可能被多个抄写员在互不干扰的情况下犯下的错误。

** 埃格顿手稿（ms. Egerton 943）是幸存的最古老的完整《神曲》手稿。成稿于1340年左右，现藏于大英图书馆。

*** $687 \times 553 \div 365 \approx 1040$。

（Megliorello della Tosa）。这位梅利奥莱罗是个重量级人物，正因如此，塔拉西（Tarassi, *DBI*, 37, pp. 693-5）在记述佛罗伦萨与威尼斯为了对抗比萨结盟时，谈到了这一事件。阿拉吉耶罗与此事的关联，说明他与城市领导阶层关系紧密。另一方面，诗人在阿拉吉耶罗去世日期上的不准确也情有可原，两人之间毕竟相隔整整一个世纪，许多资料与信息都已不可考（再者，1316/1317年时，但丁在维罗纳写作）。老阿拉吉耶罗（我们就这样称呼他，以免与但丁的父亲混淆）至少有两个孩子：一个是生活在1237—1256年的贝洛（上文提到过的杰利的父亲），另一个是但丁的祖父贝林丘尼。诗行中也未见对贝林丘尼其人明确的记载。然而，在艰难挖掘之下，我们可以在第16曲找到一个十分隐晦的相关暗示：据说，任何"继承了高贵的贝林丘尼/之名"（del nome/dell'alto Bellincione ha poscia preso）的人，都是拉维尼亚尼家族（Ravignani）的后裔（16.97-99）。"高贵的贝林丘尼"指的是贝林丘尼·贝尔特，但丁在第15曲中以他为典范，展示了佛罗伦萨的古代美德（15.112），并错误地把他与"拉维尼亚尼这个在12世纪史料中无迹可寻的贵族世家"联系在一起（Faini, 2014；这个差错也出现在维兰尼的叙述中：*Cron.*, Ⅳ Ⅱ）。彼埃特罗·阿利吉耶里对这三行诗（16.97-99）的注解意味深长，他在奥托伯尼版的《注释》（redazione ottoboniana del suo *Comentum*,

1353-64）中写道："卡森提诺*的圭多伯爵是拉维尼亚尼世家的后代，他的母亲是这个贝林丘尼的女儿郭尔德拉达，诗人曾在《地狱篇》的第 16 曲中提到她。正如诗中所述，拉维尼亚尼世家有了以贝林丘尼为姓氏的后代，尤其'在多纳蒂、阿狄玛里和阿利吉耶里家族中'，因为贝林丘尼的三个女儿嫁到了这三个家族，带去了她们父亲的名字。"（参 Chiamenti，2002，p. 624）但丁在第 119 行明确指出与拉维尼亚尼世家有姻亲关系的是乌伯尔提诺·多纳蒂（Ubertino Donati），杰玛的曾祖父，而对迎娶了贝林丘尼另一个女儿的阿狄玛里家族只字不提（Faini 认为这个女儿嫁给了乌伯尔托·第·伯纳多，2014）。此外，也没有文献可以证实老阿拉吉耶罗与贝林丘尼·贝尔特的一个女儿之间存在婚姻关系。彼埃特罗的注解中提供的信息令人困惑，因为从这个消息来看，但丁的家族几乎与圭多伯爵的一样显赫。然而，还有一种可能性，即嫁进老阿拉吉耶罗家的是一个出身不那么高贵的贝林丘尼家族旁支亲属，就像百年之后，嫁给但丁的多纳蒂家族成员是马奈托之女，而非伟大西蒙的骨肉。这份年代遥远的亲情大概也能解释但丁在地狱中对圭多·贵拉（Guido Guerra）——他不仅是郭尔德拉达之孙、多瓦朵拉（Dovadola）的伯爵，还是佛罗伦

---

*　卡森提诺位于托斯卡纳境内，是一座大山谷。

2 先人（12世纪）

萨圭尔夫派的著名人物——谦恭的赞颂。要知道，只有极少数（也许是唯一一个）有罪的灵魂能在地狱中得此殊荣（*If* 16.37-38）。

Ⅲ 我们对卡恰圭达的兄弟几乎一无所知，但他们的名字十分罕见，因此，可以通过以他们的名字为姓氏的后人来追溯家族的历史。佛罗伦萨修道院的一份1076年4月2日的文献提到了"圣马蒂诺教堂附近（也就是阿利吉耶里家族所在的教区），由牟隆托·德·阿克的儿孙们所有"的土地（Schiaparelli，1913，p. 272）。"德·阿克"（de Arco）*这一姓氏使人联想到牟隆托与埃利塞伊（Elisei）家族之间可能有亲缘关系：埃利塞伊家族又被称为"虔敬拱门的"（de arcu pietas）家族，因为他们的房子紧邻着一条水道的拱门。而这个埃利塞伊家族的姓氏正来自卡恰圭达的另一个兄弟——埃利塞奥。我们有充足的理由可以假设，卡恰圭达的家族与埃利塞伊家族很可能有姻亲关系。他们在1293年还是城中权贵，但到了1295年便风光不再（Salvemini，1899，1960，p. 261）；维兰尼认为，他们沦落为"平民"（*Cron.* Ⅴ Ⅺ；Medici，1978，p. 211）。

---

* 中世纪的意大利尚未普及姓氏的概念（参本书译后记），有时以住地、父名、外号，甚至职业作为"姓氏"。此处"德·阿克"（de Arco）的意思是"拱门的"，因此可以推测这个家族是"住在拱门附近的人"。

Ⅳ 波河流域的许多城市里,住着姓"德·阿蒂吉耶里斯"(de Adigheriis)或"阿蒂吉耶里"(Aldighieri)的家族。学者们把注意力集中在一个叫阿蒂吉耶罗·德·阿蒂吉耶里(Aldighiero degli Aldighieri)的人身上,此人生活在1083年的费拉拉。薄伽丘认为,卡恰圭达"受家族长辈之命,与费拉拉的德·阿蒂吉耶里家族的一个女儿结婚"(*Tratt.* 14)。然而,阿蒂吉耶罗(Aldighiero,Hildegair)与阿拉吉耶罗(Alaghiero,Alaker或Alhaker)似乎是两个不同的名字(见Caffarelli,Marcato,2008与Rossebastiano,Papa,2005的相关词条)。* 无论如何,按照卡恰圭达的说法,"阿拉吉耶里"是一个姓氏,代表着一种亲属关系:由他的岳父(?)提议,再由他本人传给次子(?)。在1260年,"阿拉吉耶罗"已经可以算作家族姓氏了(5月17日,Burnettus de Alagheriis;参 *CDD* 32)。在有关诗人的文献中,既出现了父名,也出现了姓氏。** 在众多不同的形式之中,"阿拉吉耶里"(Alaghieri)具有史学意义上最

---

* Hildegair、Alaker或Alhaker分别是阿蒂吉耶罗与阿拉吉耶罗在日耳曼语中的原型。

** 虽然都可译作"姓氏",但还有细微的不同:家族姓氏(casato)是degli Alighieri(意为"阿利吉耶里家族的");姓氏(cognome)是Alighieri/Alaghieri(阿利吉耶里/阿拉吉耶里)。另外,父名(patronimico)是di Alaghiero(意为"阿拉吉耶罗的")。

高的权威性；但因薄伽丘，"阿利吉耶里"（Alighieri）反而成了最受欢迎的形式（Zingarelli，1931，pp. 61-2）。

Ⅴ 关于卡恰圭达与康拉德皇帝之间的关系，但丁的叙述就不那么可信了（参 Carpi，2004，pp. 87-9）。但丁的高祖有可能在1128年康拉德三世（Corrado Ⅲ di Svevia）的第一次加冕典礼上结识皇帝本人（F. Forti, *ED*, Ⅰ, p. 734）。因此，他应该在1147年出发加入十字军❶，时年56岁，正处"中年"*，而当时康拉德三世刚满54岁。但丁很有可能混淆了两个康拉德皇帝，将1027—1039年在位的康拉德二世的事迹用到了卡恰圭达的同代人康拉德三世身上。在题为"康拉德二世"的章节（Ⅴ 9）中，维兰尼为15.139行及以下提供了非常精确的注释："这是一个公正的人，他颁布了许多律法，使帝国长久地处于和平中。他到意大利南部与前来破坏国家的萨拉森人**战斗，在这场战斗中，基

---

❶ 伪布鲁内托（pseudo Brunetto）与乔凡尼·维兰尼的佛罗伦萨编年史没有提到同胞参加第二次十字军东征的情况，他们还认为这次远征根本没有到意大利，只经过了潘诺尼亚和匈牙利。我们经常可以在各处读到，圭多·贵拉二世参与了这次远征，但这只是戴维森（Davidsohn，1896，p. 440）的推测而已。

* 但丁在《飨宴》（Ⅳ ⅩⅩⅢ 4）中将人生分为四个阶段：少年（adolescenza）、青年（gioventute）、中年（senettute）及老年（senio）。

** 自公元2世纪到整个中世纪，"萨拉森人"（Saraceni）一词都用来指起源于阿拉伯半岛的穆斯林信众。

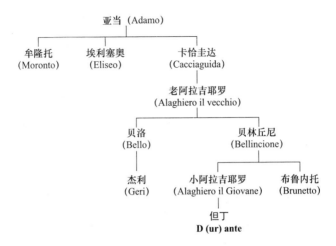

但丁的先人

督徒们血流成河,终于征服了萨拉森人,并将他们赶出国界。当这个康拉德皇帝在托斯卡纳时,他很喜欢待在佛罗伦萨的住所。他亲自授予了很多人骑士称号,这些人都为他服务。"除此之外,这位编年史家还在接下来的几个章节中列举了"康拉德皇帝时期佛罗伦萨的贵族们",他的这份名单与诗人在第16曲提到的名字大致吻合(16.88及以下)。

至于卡恰圭达的"**骑士头衔**"(militia),不仅没有任何文献可以证实,而且从叙述本身来看,但丁似乎在高祖讲述的那一刻才对事件有所了解,更令人生疑的是,这个"骑士授予仪式"还发生在远离佛罗伦萨的十字军东征期间(v. 139"追随"[seguitai]与v. 142"前往讨伐"[dietro li andai]可以说明卡恰圭达与康拉德皇帝在同一军事行动中)。然而,这并不意味着诗人编造了一个贵族骑士高祖:这可能是一个不失某种"真实历史"成分的家族传说。就其本身而言,在1281年之后,佛罗伦萨的政治-制度术语只区分"大人物"与"平民","贵族"毫无疑问属于前者。阿拉吉耶里家族(也就是老阿拉吉耶罗的后代:参CDD 32)不在权贵之列,但埃利塞伊家族(至少直到1293年)与多纳蒂家族都属于佛罗伦萨的名门望族。众所周知,根据《正义法规》XVII,"贵族"家庭中"应有家族成员是军人,或二十年之内曾是军人",或者,更简单地,只要"民众认为"他们是贵族即可(Rubinstein,1939,p. 9)。贵族"血统"不再具有决定性的影响力:"有权有势的市民……他们并不都出身贵族,但因为其他的偶然事件,成了'大人物'。"(Compagni,Ⅰ XIII 61;Cappi,2013,p. 157)

萨尔维弥尼(Salvemini,1899,1960,p. 261)认为,与埃利塞伊家族的联系足以证明但丁的"贵族身份"。但如果诗人不是出身于"平民"家庭,他就不能进入会议,即便在1295年7月政策"软化"之后(Barbi,1941,p. 379及以下)。像"小贵族"这样的标签(彼得罗基与其他学者曾经用过)除了影射《天堂篇》中的片段,没有任何具体的意义。"贵族"(Nobilis vir)只是一个"含糊又武断"(Salvemini,1899,1960,p. 31)的公证文书格式用语:在一份1300年的圣吉米尼亚诺文献中,但丁所谓的"贵族身份"就属于这种情况。在任何涉及但丁的文献资料中,他的名字前都没有"老爷"(dominus)或"阁下"(messere)之类的称呼(这类称呼属于骑士、法官和获得大学学位的人),但在1237年后,我们反而找到了阿拉吉耶罗之子贝洛被这样称呼的证据(参 *CDD* 35,43)。但丁在担任公职期间,曾写下一首以"甜蜜的爱情诗,我常常"(*Le dolci rime d'amor ch'i'solia*)开头的诗歌*,他借此诗声明,任何关于他的所谓贵族"出身"的说法都是"错误"的无稽之谈(v. 30,v. 33)。❶

---

* 中世纪的诗歌一般并无标题,因此通常用诗的第一行"代替"标题,指代这首诗歌。参译后记。

❶ 为了支持罗马帝国的正当性,但丁被迫承认,人们因先人的德行而成为贵族,是有根据的(*Monarchia* Ⅱ Ⅲ;参 Quaglioni, 2014, pp. 1072-5)。在与卡恰圭达会面的那两曲中,即便但丁刻意不谈门第的高贵,以示谦逊[参"隐去不说比明白谈及更为合宜",16.45。——中译者注],也承认个体应努力以自己的德行将"我们微不足道的高贵血统"发扬光大(参 16.1-9);当然,但丁的这些论调也应根据贵族的政治-文化环境来解释,毕竟,诗人是在斯卡拉家族治下的维罗纳写下《天堂篇》这一部分的,并且,他还将诗篇献给了这个名门望族(参 Carpi, 2004, 多处)。

3　出生与受洗（1265—1266）

　　但丁的父亲小阿拉吉耶罗可能出生于1220年，关于他的最早记录是一份1246年3月21日的卖地契约。这份文书显示，贝林丘尼之子小阿拉吉耶罗享有这块土地的收益，并将这些收益用于借贷（参 *CDD* 9-12）。1257年，阿拉吉耶罗又借出一笔钱款（*CDD* 30）。此外，上文提到的1283年的交易证实了他的另一笔借款，这笔交易还为我们提供了关于但丁家族的"线索"：诗人的家在圣彼得门区，靠近圣马蒂诺主教教堂，这座教堂现只剩下圣马蒂诺广场上的一些遗迹；圣马蒂诺广场在马加齐尼街的尽头，离领主广场只有几步之遥。可以肯定的是，小阿拉吉耶罗在1283年之前就已经离开人世了（Piattoli，1969，p. 76）。

　　1332年5月15日、16日，以及25日的文献资料（家庭内部遗产纠纷的解决方案；*CDD* 150-2）显示，小阿拉吉耶罗有过两任妻子："拉帕，弗朗西斯科之母，名门恰洛菲之后"及"但丁之母贝拉（Bella）"。贝拉是第一任，她在1270年到1273年间去世；一份1320年11月11日的文件记载了弗朗西斯科与塔娜（Tana，也被称为加埃塔娜或特罗塔；后来嫁给了拉波·里科曼尼）出自"同一个父亲"（*CDD* 125，Indizio，2013，pp. 55-6）。根据这份文件，我们可以推测，除了但丁，贝拉还为阿拉吉耶罗生下了女儿塔娜。但丁在《新生》（*Vita Nova*）中曾经暗示这个妹妹的存在："高尚的淑女……她与我血脉相连"（14 XXIII，11-12）。薄伽丘（*Esp.* VIII i 3）谈到阿拉吉耶罗的另一个女儿，她嫁给了同属圣马蒂诺主教教区的莱昂·波吉。

我们没有找到记载贝拉家族的文献。但1297年12月23日，马奈托·多纳蒂（但丁的岳父）与一位名叫杜兰特·德·阿巴蒂（Durante de Abatibus）的人担保了一笔借给阿拉吉耶罗之子的钱款（*CDD* 58及154）。按照孙辈沿用祖辈名字的习俗，这位杜兰特·德·阿巴蒂很有可能就是贝拉的父亲。无可质疑的是，在圣约翰洗礼堂（圣周六，1266年3月27日？）❶，阿拉吉耶罗之子以杜兰特（Durante）之名受洗，后"简称"为但丁（Dante）*。1343

---

❶ 根据习俗，一年举行两次集体洗礼仪式：圣周六（Santo Sabato）以及圣灵降临节（Pentecoste）前的周六；参Mazzoni（1995, p. 124）。

* 但丁（Dante）是杜兰特（Durante）的缩写。参第2章"但丁的先人"示意图。

3 出生与受洗（1265—1266）

年1月3日的这份文献非常著名，必须在此大篇幅引述：

> [……]1302年，佛罗伦萨已故的阿拉吉耶罗之子杜兰特，人称但丁，因扰乱皮斯托亚的圭尔夫派，在担任执政官期间贪污公款，以及其他在判决中列举的罪行，被时任佛罗伦萨行政长官的坎特·加布里埃利·达·古比奥判处流放之刑，他的所有财产归佛罗伦萨所有。1315年10月，因没有按照判决的要求缴纳保证金，但丁被时任佛罗伦萨国王代理人（vicario regio）的拉涅罗·第·扎卡里亚·达·奥尔维耶托阁下判刑；正如已故的杜兰特之子雅各布声明的那样，他继承了母亲杰玛（杜兰特之妻）的那一半遗产，与叔父弗朗西斯科共同拥有一个占下述土地的农场。但丁的财产被佛罗伦萨政府与反叛者财产处理部门收缴……作为流放者，他的财产要被征收1莫吉奥*小麦的税……因此，为了拿回这些财产，雅各布支付了……15弗罗林金币。

文献援引了但丁的两次判罪，分别是1302年（雅各布

---

*　古代谷物计量单位，1莫吉奥（moggio）大致相当于$8\frac{3}{4}$升。

不记得具体的日期，5月10日）与1315年。1315年，为了要回当时被政府没收的财产中母亲杰玛的那一部分——半个位于帕尼奥勒的农场——诗人之子雅各布支付了15弗罗林金币，几乎相当于50里拉小弗罗林币。雅各布三次提到"杜兰特……人称但丁"。在关于诗人的文献中，如此再三说明着实罕见；我们只能认为，雅各布此举是为了准确无误地表明，他所引用的能够证明杰玛对资产所有权的文献是1277年的公文——在这些公文中，11岁的阿拉吉耶罗之子以"杜兰特"这一全名出现。除此之外，诗人只以"但丁"之名示人。不过，无论如何都存在着在特殊场合使人记起全名及其寓意的可能性，因为"万物之名源自其实"（*Vn* 6 XIII 4）。例如，用"延续"（durare）[*]一词表现诗人的荣耀："（维吉尔）的声名仍在世间延续（dura）/而且要同岁月一起长存（durerà）^{**}"（*If* 2.59-60），斯塔提乌斯（Stazio）"以最持久（dura）和最光荣的名称活在人间"（*Pg* 21.85）；也用于表现对美德的坚持："善的意志若是坚贞不屈（dura）……"（*Pd* 4.19）而贝切（Bice）-贝亚特丽切（Beatrice）之间的文字游戏则更具诗学策略上的

---

* 但丁的全名杜兰特（Durante）是动词"延续"（durare）的现在分词。
** 两个"延续"分别为动词的第三人称现在时与第三人称将来时。

3 出生与受洗(1265—1266)

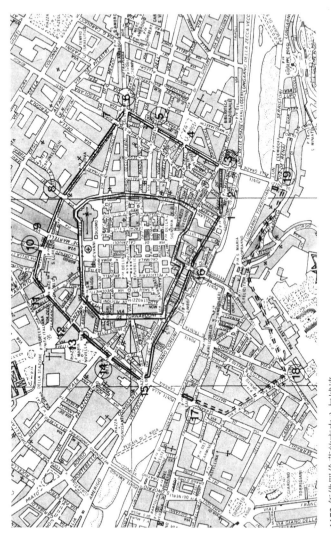

1172年佛罗伦萨的市中心与城墙

价值:前者是日常使用的小名,后者是不常使用却被赋予了某种含义的全名。当《神曲》中的贝亚特丽切委婉地用"我那不因命运而改变的朋友"(*If* 2.61)描述她的爱人*时,她可能恰恰想暗示杜兰特(D[ur]ante)这一名字中暗含的深意:也就是说,永恒的朋友将在爱中"延续"(dura),不会随着世事偶然的变化而改变自己的情感,不为命运摆布,哪怕死亡。在伊甸园入口,贝亚特丽切唤他"但丁"(Dante,*Pg* 30.55)而非"杜兰特"(Durante),随后严厉斥责的,恰恰是他没有"坚持"(durato)对她的爱。之后,我会回过头来解释但丁自己承认的"入歧途"与"十年来的渴望"之间的矛盾(见第23章)。在《天堂篇》中,诗人呼唤贝切的名字,回应她的指责:"只要一听到'贝'和'切',我便全身战颤,无比敬畏。"(*Pd* 7.13-14)

---

* l'amato-amante:字面意思是"被爱着,同时也爱着的人"。

4 诗篇《花》(1286—1287？)

被称为《花》(*Fiore*)的诗篇（或十四行诗集）只在一个无题且匿名的抄本中流传下来，现今我们可以在蒙彼利埃手稿（ms. Montpellier, Méd. H 438）中读到；一直到1841/1842年，《花》之后都跟着另一首残缺不全的七音步二行诗（poemetto in distici di settenari），这首诗被定名为《爱的话语》(*Detto d'amore*)（今在 Laur. Ashb. 1234 手稿中）。《花》在本质上是对《玫瑰传奇》(*Roman de la Rose*)[*]的巧妙改写与翻译，《爱的话语》也沿用了这首寓言长诗的主题。几乎可以确定，《花》与《爱的话语》出自同一人之手，然而后者的文本几乎全部散佚，我们无法推测其原作者，因此也就无从得知《花》的作者。

---

[*] 《玫瑰传奇》是13世纪法国的一部长篇叙事诗，由古法语的奥依语方言写成。全书以描述梦境为形式，实为爱情寓言。

《花》进入我们视野的原因是，爱神（Amore）在诗中称呼主角－叙述者为"杜兰特"："我应该帮助杜兰特。"（82，9）这与《玫瑰传奇》中的情节一致，爱神承诺会帮助诗歌的主角－叙述者－作者（之一）——纪尧姆·德·洛里斯（Guillaume de Lorris）："这是纪尧姆·德·洛里斯，杰勒斯［……］令他无比痛苦，如果我不出手相助，他会有死亡的危险。"（Strubel，10530）符合逻辑的推测是，《花》的作者将纪尧姆换成了自己的名字。而接下来，要论证《花》中的杜兰特（在202，14被戏称为"杜兰特老爷"）就是但丁·阿利吉耶里，则是更大的挑战。福尔米萨诺（Formisano，2012）对这一问题进行了完整的分析。在此，我仅限于阐述我个人得出的结论：因为缺乏新的文献或证据，我们不能确定诗篇《花》的作者；然而，最有可能的人选还是但丁，以下是按相关性顺序排列的证据：

Ⅰ 14世纪的"伪薄伽丘"（Falso Boccaccio）评注*明确指出，诗篇《花》中的"披着公羊皮的"（*Chi della pelle del monton fasciasse*，97）这一节出自但丁之口："但丁转向伯爵（圭多·诺韦洛［Guido Novello］），迅速说出'披着公羊皮的……'这样的话"（《地狱篇》23.3的注释）。

---

* 一部成书于1375年左右的佛罗伦萨评注（一些19世纪的学者认为出自薄伽丘之手）。

4 诗篇《花》(1286—1287？)

Ⅱ 署名是全名。如果使用全名是为了表现其寓意（senso allegorico），那么这个署名就更加意味深长了（参第3章）。

Ⅲ 《花》中（92，9-11），作者回忆起希吉尔·第·布拉班特（Sigieri di Brabante）因教会的虚伪而受害，《玫瑰传奇》对此没有记录。这一事件唯一的对照是《天堂篇》10.133-138。

Ⅳ 但丁以"布鲁内托阁下，这个女郎"（*Messer Brunetto, questa pulzelletta*）开头的十四行诗后附有一首小诗（"为了解他人的想法，/要首先多多恭维"），这首小诗难以理解，除非求助贾诺阁下（"如果你们还没有消除疑惑，/就求助贾诺阁下"）。根据现有证据，这首小诗应该不是《花》，而是《爱的话语》。小诗采用了同词异义的修辞手法（rima equivoca），包括爱人（Amante）与爱神（Amore）、理智（Ragione）与财富（Ricchezza）之间的对话；为了更好地理解这首小诗，应该"求助让·德·摩恩"——一位被戏称为"阁下"的贾诺先生——即对照着《玫瑰传奇》来读。*

Ⅴ 在写"新体诗"（stil novo）之前，切科·安焦利耶里在他的以"但丁·阿利吉耶里，切科是你的仆人与朋

---

* 让·德·摩恩（Jean de Meung）是《玫瑰传奇》的两位作者之一（另一位是纪尧姆·德·洛里斯，参上文）。"让"（Jean）在意大利语中即是"贾诺"（Giano）。

友"(Dante Alleghier, Cecco,'l tu'servo amico)开头的十四行诗中暗示,但丁曾经是爱神的奴仆:"但丁·阿利吉耶里,切科是你的仆人与朋友,/我将自己托付与你,就像托付给我的主人;/爱神曾是你的主宰,/我以他的名义请求你,/如果我的话使你不快,请你原谅我,/你高尚的心灵令我感到可靠。/我要对你说的是这样的话:/我反对你写的诗。"在我们所知的但丁抒情诗中,找不到"爱神"一词;而在《花》中,这一用语整整出现了28次(Formisano, 2012):"我曾是爱神的奴隶"(10,2)等。切科这首诗的创作时间应早于《新生》(Gorni, 2008, p. 57)。

我们虽然不应高估这些线索的价值,但其他候选的13、14世纪诗人(从布鲁内托·拉蒂尼[Brunetto Latini]到丹特·达·马亚诺[Dante da Maiano],再到安东尼奥·普奇)更是无凭无据。文体-形式方面的论据只能给我们一些启发,这些论据既可以用于支持,也可以用于反驳所有候选的作者。《花》与《地狱篇》之间严谨的文本对照数量很少(《花》56,8≈*If* 26.142;《花》34,1≈*If* 3.22;《花》76,13≈*If* 3.91;《花》7,4≈*If* 13.84;《花》68,14-69,1≈*If* 3.91等),因此不足以确定二者间的关系:但丁既有可能是诗篇《花》的作者,也可能只是个读者;或者,《花》的作者可能读过《地狱篇》。毕竟,孔蒂尼(Contini)也承认"将文学作品归于某个作家的行为首先就是'一种外部的干预'"（Contini，1986，p.56；接上："根据文体将某部作品归于某个作家的做法很流行，但在确定某种文体，或某类文体可从'内部'证明作品的出处时，则必须非常谨慎"）。

诗篇《花》的创作时间应在《玫瑰传奇》完稿（但学者们给出的成稿日期之间差距很大：Dufeil认为在1263—1269年，而Liborio则认为在1268—1282年）之后，誊写蒙彼利埃手稿（Casamassima认为在1310—1320年）之前。在《玫瑰传奇》之外，能够提供史实方面信息的就只有诗篇本身了。正如上文谈到的，诗篇第92节提及希吉尔大约在1284年11月之前，被"剑"或"刀"刺死。第118节则谴责了一桩社会不公：

Ancor borghesi sopr'ai cavalieri | son og [g] i tutti quanti venditori | di lor derrate e aterminatori, | sì ch'ogne gentil uon farà panieri. | E'conviene ch'e'vendan casa o terra | infin che i borghesi siar pagati, | che giorno e notte gli tegnono in serra.

这一节诗非常隐晦，但大致可以翻译成"时至今日，连平民也哄抬物价，他们以高价将货物卖给骑士，或允许他们分期付款，或允许他们赊账（参124，10：'那些高价卖货，允许赊账的人'），以至于这些受到欺诈（？）的贵族*必须要变卖房产与土地，以支付那些掐着他们脖子的平民"。"平民"压迫者与被压迫的"骑士"之间的对立正是《花》的主题，而《玫瑰传奇》中对立的双方则是高利贷者、公职人员、造假者与拥有小资产的平民（li menuz peuples：Strubel 11541-11553）。托拉科（Torraca，1921，pp. 165-6）认为，这节诗暗示了1282年新"平民"政权建立后，1284—1289年针对贵族的经济措施。其中，1286年不动产估价的计算方式就明显不利于贵族。我没有找到关于这一年的具体信息，但有意思的是，在此之后，一个叫塞尼亚·奥兰迪尼的人在筹备讨论中不断重复要求"不应让手工艺人或平民来估价贵族的不动产，而该叫贵族们互相估价"（Gherardi，1898，vol. 1, p. 180 等；参 Barbadoro，1929，p. 109）。诗歌也可能在抱怨1284年成立的粮食供应委员会（i Sei del Biado）习惯性的差别对待。事实上，《花》的作者所描述的"贵族"与"平民"的对立与利益冲突无法用准确的社会学术语表达，因为许多贵族也像平民一样从事经济与生产活动，也就是说，这两个阶级的划分并不明确：或许诗人只是想为被边缘化的贫穷"绅士们"

---

* 骑士属于贵族阶层。

4 诗篇《花》(1286—1287?)

发声抗议。

在第 126 节，虚伪的多明我会教士（domenicano，83）夸耀自己对托斯卡纳异教徒的迫害："他们是卡特里派教徒*，/我要让他们感受火焰的热度**……/在普拉托、阿雷佐和佛罗伦萨，/我已经消灭了，也赶走了许多异教徒：/落在我手中的人没有好下场。"实际上，在 13 世纪 80 年代，托斯卡纳的卡特里派似乎正在衰落，宗教裁判所实质上只"迫害已故之人：不为维护正统教义，而为了其他目的"（Indizio，2009，p. 104）。最著名的例子是 1283 年 10 月 6 日，宗教审判员、方济各会修士萨洛莫尼公开判罪已故的法利纳塔与他的妻子阿达蕾塔，意在剥夺他们的子嗣及其后代的继承权。1285 年 5 月，这个修士还判罚了布鲁诺·德·乌伯尔蒂，剥夺了其子的继承权。

总而言之，对《花》的作者而言，1283—1286 年发生的一切仍具现实意义，他表现出对"平民"与托钵修会***的厌恶。显然，我们很难将放债人阿拉吉耶罗的儿子（但

---

* 卡特里派（Catarismo）又称纯洁派，是中世纪的基督教派别，被教会认为是异端。由于受到宗教裁判所的打击，到 14 世纪末，该派逐渐消失。
** 指对异教徒施以火刑。
*** 托钵修会（ordini mendicanti）是完全依靠捐助而生存的天主教修会，会士不积蓄财产，以便用所有时间和精力投身宗教。中世纪后期异端兴盛。这些异端败坏了教堂，所以托钵修会不建立教堂，会士四处布道，谨守清苦。

在《天堂篇》中，诗人也表现出对弗罗林金币的憎恨），受过"宗教学校"教育（但在1290年之后）的但丁与《花》的作者联系在一起。退一万步来讲，假设他就是《花》（1286—1287？）的作者，我们也很难在《新生》的情感与《飨宴》的经院式苦修之间，为这个但丁找到一席之地。并非偶然，最能证明《花》不属于但丁作品的，正是伦理-美学方面的证据。最近，有学者指出，"比起将《花》归到但丁名下，更重要的是把诗人从这部作品的重负中解放出来"（Stoppelli，2011，p. 106）。

5　博洛尼亚（1287）

卢恰诺·罗西（Luciano Rossi）认为，《玫瑰传奇》的作者之一，让·德·摩恩，就是来自奥尔良教区的教师约翰内斯·德·莫杜诺（Johannes de Mauduno），他于1265—1269年在博洛尼亚就职（Rossi，2004）。因此，可以合理地认为，这座城市对《玫瑰传奇》在意大利的传播有着特殊的意义；当然，也可进一步假设，如果诗篇《花》不是在博洛尼亚完成的，起码也是在这里构思的。但丁无疑曾在"萨维纳河与雷诺河之间"[*]居住，以"它们永远不能求得我的原谅"（*Non mi poriano già mai fare ammenda*）开头的十四行诗可以证明这一点。这首诗十分晦涩，诗人谴责自己的眼睛"犯下大错"："它们看着美丽的加里森达

---

[*] "萨维纳河与雷诺河之间"（*If* 18.61）指博洛尼亚城，这两条河在城市的东西两侧。

塔,但无法认出(它们的损失!)人们所说的那更大(la maggior)的。"关于这个谜语的种种解释(谁是"更大的"？一位女士？阿西内利塔？主街？)*,可参见琼塔的研究(Giunta,2011,pp. 115-9)。除了过于隐晦的暗喻(这要求读者对城市布局非常了解),这首诗还显示出作者笔法的老练。这是当然,但丁从1283年就开始写诗了(参第8章)。除了托斯卡纳的一些手抄本(例如Chigiano L. Ⅷ, 305),一位匿名誊写者还将这首诗用博洛尼亚方言抄在公证员恩里凯托·德·奎尔切1287年下半年的记录中。

在这个日期之前,或为处理家事,或为学业,但丁已经身处博洛尼亚了(薄伽丘在《但丁传》中提到了这一点,但他并不明确区分但丁在流放前后于博洛尼亚的两次短暂停留[25,74])。1286—1287年,塔代奥·阿尔德罗提(Taddeo Alderotti)在博洛尼亚教授医学与哲学,他就是《飨宴》中遭到猛烈抨击的"希波克拉底的追随者塔代奥"(Taddeo ipocratista):除了翻译亚里士多德**之外,他一无所成(*Cv* Ⅰ,Ⅹ,10)。阿尔德罗提曾将一本医用手

---

* 加里森达塔(Torre Garisenda)与阿西内利塔(Torre degli Asinelli)是博洛尼亚的地标建筑,简称"姊妹双塔"。其中阿西内利塔是更大的"姊塔"。主街(strata maior)是埃米利亚街(via Emilia)东边那一段,但丁用来指代"中心"的概念。
** 塔代奥·阿尔德罗提是第一个将《尼各马可伦理学》翻译成意大利俗语的人。

5 博洛尼亚（1287）

册献给好友科尔索·多纳蒂（Corso Donati），日期不详（Gentili，2005，pp. 49-53）；1283年，科尔索·多纳蒂担任博洛尼亚行政长官，1285年❶担任人民首领（Capitano del Popolo），1288年下半年，他再次担任行政长官，之后在1293年又一次成为人民首领（4月1日到9月30日；S. Raveggi，*DBI*，41，pp. 18-24）。1295年3月20日，出自巴黎学派的亚里士多德学者真蒂莱·达·钦戈利已经在博洛尼亚教书了（S. Gentili，*DBI*，53，pp. 156-60），但没人知道他的教职是从何时开始的。

1266年在博洛尼亚的，还有贝洛之子杰利（*CDD* 33）；从1296/1297年开始，贝洛之孙贝利诺也在博洛尼亚经营买卖（*CDD* 59）。除此之外，在博洛尼亚市政与托斯卡纳借贷者之间一系列的抵押合同中，我们找到了一份1270年10月7日的文件："由阿蒂吉耶罗·阿蒂吉耶里老爷以他自己和整个经营团体的名义签署的合同。"（Livi，1921，p. 119；*CDD* 中没有收录）虽然这趟旅行以家事为主，但借此机会，但丁也认识了一些公证员与法学家，他们收藏了国王恩佐（re Enzo）与圭多·圭尼泽利（Guido Guinizzelli）的文学作品。

---

❶ 考虑到但丁与多纳蒂家族的关系，诗人也有可能选择在这一年居留博洛尼亚。

我们也在各种资料中读到，1291—1294年，但丁曾"前往"博洛尼亚旁听哲学课程：但没有任何具体线索可以支持这一假设（Rossi，2003，p. 30）。哪怕是但丁与他在《论俗语》中提到的博洛尼亚和罗马涅阿诗人之间的交往，也无法帮助我们确定他前往博洛尼亚的日期：奥内斯托·达·博洛尼亚出生于1240年左右，去世于1303年4月17日之前，1286—1291年，他似乎不在博洛尼亚；乌戈利诺·曼弗雷迪，人称布佐拉，很可能在1292—1300年间定居博洛尼亚（他于1301年在拉文纳去世）；托马斯·达·法恩扎是个法官，1301年11月，白派刚刚被逐出佛罗伦萨时，这位托马斯就与奇诺·达·皮斯托亚（Cino da Pistoia）和奥内斯托一道，出现在一系列极其著名的辩论诗中：奥内斯托与托马斯狠狠地斥责了为卡洛·第·瓦卢瓦辩护的奇诺。关于这方面的内容，请参阅塔沃尼（Tavoni，2011）对《论俗语》I XIV - XV的注释。

6　轻装骑兵（1289）

但丁成年之时恰逢佛罗伦萨建立执政官制度（Priorato*，1282 年 8 月 15 日）：执政团是城市的最高行政机关，由六位主要行会（Arti pricipali）❶的代表组成。迪诺·孔帕尼（Dino Compagni）认为，改革的亲平民目的很快落空，"善良的平民很不满意，他们指责执政官，因为圭尔夫派的大人物们是贵族"。权力掌握在"富有的平民手中……他们与大人物沾亲带故"（Compagni，Ⅰ Ⅴ 24）。1287 年，在阿雷佐爆发的党派之争以圭尔夫派被驱逐出境作结，这次争斗导致了"1289 年佛罗伦萨人在托斯卡纳发起的第三次大战"

---

*　Priorato 也指"执政团"，参本书第 15 页［见边码］。
❶　主要行会包括：卡丽玛拉［佛罗伦萨地名。——中译者注］行会（呢绒商）、银钱商行会、羊毛商行会、圣玛丽亚门［佛罗伦萨地名。——中译者注］行会（丝绸商、金银匠等）、医生和药剂师行会、皮毛商行会以及地位特殊的法官及公证员行会。

(Compagni，Ⅰ Ⅵ)。战役终结于一场"6月11日……在一个叫坎帕尔蒂诺(Campaldino)的地方"的战斗。阿雷佐人"惨败……不因懦弱,他们足够英勇,只是寡不敌众"(Compagni，Ⅰ Ⅹ),敌方佛罗伦萨军队的指挥官是科尔索·多纳蒂与麦格纳多·达·苏西纳纳(Maghinardo da Susinana)。圭尔夫联军的前锋是150名"军队中最优秀"(Villani, *Cron.*, Ⅷ 131)的轻装骑兵;"维耶里·德·切尔基(Vieri de'Cerchi)阁下是指挥官之一,他患有腿疾,却仍坚持作为轻装骑兵上战场。他负责在自己的教区(圣彼得门)征兵,但不愿强制人们入伍,于是只选了他自己、他的儿子和孙子们作为士兵参战"。

但丁也是圣彼得门教区志愿轻装骑兵中的一员。莱奥纳尔多·布鲁尼提到了这一点(*Vita*, p. 540):

> 在坎帕尔蒂诺那场令人难以忘怀的关键之战中,年轻而受人器重的他(但丁)作为轻装骑兵先锋参战,光荣奋战在极危险的第一线:在第一次战役中,阿雷佐人狂风骤雨般攻击了佛罗伦萨骑兵,大获全胜,骑兵们只能溃逃到步兵阵营。然而,正是佛罗伦萨方的这次溃退导致了阿雷佐人的最终战败:胜利方的骑兵们乘胜追击,把步兵阵营远远地落在后方;因此,骑兵们没有步兵的帮助,步兵们也只能孤军作战;而佛

6 轻装骑兵（1289）

罗伦萨的军队则恰恰相反，他们的骑兵逃到了步兵阵营，组成了一支有力的队伍，首先消灭了阿雷佐的骑兵，然后是步兵。**但丁在一封书信❶中讲述了这场战役，称自己参与了战斗，并在信中画出了战斗阵型。**

但丁作为轻装骑兵参战，这并不意味着他的收入足以供养一匹马（参 Paoli，1865，p. 68；Cardini，1982，p. 24），但无疑证明他能够负担训练自己作战能力的费用：要知道，但丁可是作为第一梯队参与战斗的。布鲁尼所引书信的内容（"在坎帕尔蒂诺之战……我已经**不是战斗新手了**"）似乎暗示了但丁之前的参军经历：他可能参与了 1288 年对抗阿雷佐的战役。《地狱篇》记录了对阿雷佐郊区的入侵："我曾看到骑兵深入你们境内，/阿雷佐人。"（22.4-5）在此之前，诗人记起他参与的另一场佛罗伦萨圭尔夫派的军事行动：1289 年 8 月 16 日，他们成功夺取了比萨人的卡普洛纳城堡（*If* 21.94-96："从前我曾看到过这样的步兵，/他们根据条约从卡普洛纳城堡中走出，/因看到自己在这么多敌人中间而恐惧"）。

这确实让人想到一种"贵族"的生活方式，在某种程

---

❶ 即"那封很长的书信，以'我的人民啊，我对你们做了什么？'开头"（参第 20 章）。

度上,我们可以在他"最亲密的朋友"圭多·卡瓦尔坎蒂(Guido Cavalcanti)身上找到年轻时的但丁的影子。圭多的父亲是一个极富有的骑士❶,位高权重;而圭多本人是一位"出色的哲学家",他"极其优雅,很有教养"(薄伽丘,《十日谈》VI,6,8)。但丁在作品中记录的某些会面似乎可以证实他本人的社交地位——他与匈牙利名义上的国王卡洛·马特罗(Carlo Martello)*在 1294 年 3 月互相亲切问候(*Pg* 8.55),国王"在佛罗伦萨待了二十多天(实际上是两周),很受佛罗伦萨人爱戴,也很喜爱佛罗伦萨人"(Villani, *Cron.*, IX 13)。但丁与国王很可能是在学术场合见面的,因为卡洛在新圣母教堂受到了雷米焦·德·吉罗拉米**的接见,而同一时期,诗人在多明我会的宗教学校学习;然而,《神曲》对这场会面的叙述带有一重优雅的爱欲色彩(位于金星天)***,与国王的个性相符。同样富有情爱意味的,还有但丁与帕多瓦法官

---

❶ 巴杰罗博物馆(Museo del Bargello)收藏了卡瓦尔坎特·卡瓦尔坎蒂(Cavalcante Cavalcanti[圭多之父。——中译者注])的图章字模,其中可以看到一位身披铠甲的骑士挥着剑,举着一块三角形的盾牌,上面绘着家族的纹章(小十字架);马也全身都被盔甲防护着;参 Tartufei, Scalini(2004, p. 177)。
* 即卡洛·马特罗·安茹,那不勒斯国王卡洛·安茹二世(Carlo II d'Angiò)的长子。
** 雷米焦是一名多明我会修士,新圣母教堂修道院的院长。
*** 金星天(il cielo di Venere)中的"金星"即爱神维纳斯。

6 轻装骑兵(1289)

阿尔多布兰迪诺·梅扎巴蒂之间关于"大胆的小丽莎"的诗歌竞赛;法官曾在1291年5月到1292年5月间担任佛罗伦萨的人民首领,关于他生平事迹的记录止于1297年。但丁在《论俗语》(Ⅰ,XIV,7)中曾提到梅扎巴蒂,认为他非常可敬,因为他强迫自己(nitentem)不使用帕多瓦方言。最后,《炼狱篇》中的一个片段(8.52及以下)可以证明诗人与伟大的乌戈利诺·维斯孔蒂(Ugolino Visconti)之间的友谊。这位乌戈利诺,人称尼诺,是加卢拉的领主(signore),被逐出比萨后,他经常在佛罗伦萨活动(1288—1293)。

无论如何,阿拉吉耶罗留给子嗣的遗产"虽然不多,但足够他们体面地生活"(Bruni, *Vita*, p. 547)。考虑到但丁的大部分财产在1302年都被没收了,我们可以通过他的弟弟弗朗西斯科与彼埃特罗、雅各布之间签订的财产分割协议来说明家族拥有的土地与不动产:上文提到的位于圣马蒂诺主教教区的房产❶,位于卡梅拉塔圣马可教区的

---

❶ Barbi与Piattoli(1938)对但丁家族不动产的研究使我们得以确定贝洛与贝林丘尼分割了"老"阿拉吉耶罗的住宅;但丁出生在从贝林丘尼那里继承的那一半,但在贝洛之子杰利死后(晚于1280年),"小"阿拉吉耶罗购买了贝洛的那一半,将自己的继承份额留给了兄弟伯内托。但丁与弗朗西斯科对房产的共有权在1302年"拯救了家族","使房子免受摧毁,因为这房子实在太小,摧毁但丁的那一部分就意味着弗朗西斯科也将失去住所"(ivi, p. 75)。

农场，位于皮亚真提纳圣盎博罗削堂教区的乡间农舍与土地，以及位于帕尼奥勒圣米尼亚托的农场和小块土地。"所有加起来是一份可观的财产，足够保证家族舒适的生活"（Zingrarelli，1931，p. 84）。我们没有关于动产的数据，但无论如何都必须考虑嫁妆的收入和彩礼的支出。此外，要估计1297—1301年记录在案的债务对但丁和弗朗西斯科的影响与负担，也是很困难的。

7 贝亚特丽切

众所周知,但丁生平中另一无可争议的主角是那非凡、高尚的女子:"许多人唤她贝亚特丽切,但他们不知道她名叫什么。"(*Vn*, Ⅰ, Ⅱ)注释家们以不同的方式解读这句话:"他们一见她,就唤她贝亚特丽切,即便不知她的真实姓名"(Giuliani, Barbi, De Robertis);"他们叫她贝亚特丽切,却不知这个名字的含义"(D'Ancona, Contini, Gorni, Carrai);我认为,更准确的应该是:"许多人叫她贝切(Bice),但没有意识到他们叫的其实是贝(亚特丽)切(B[eatr]ice)。" ❶

---

❶ 一个相似的例子是以"给我带来痛苦"(*Doglia mi reca*)开头的抒情诗(vv. 150-153):"美丽,智慧,谦恭(bella, saggia, cortese)/所有人都这么唤她,但没人意识到 / 他们其实在叫她的名字 / 比安卡·焦万娜·孔泰莎(Bianca Giovanna Contessa)。"通过一系列的阐释,比安卡·焦万娜·孔泰莎的意思是"美丽,智慧,谦恭"。["给我带来痛苦"是一首但丁的抒情诗。——中译者注]

诗人唯一一次唤她"贝切淑女"（monna Bice），是在以"情感在我的心中苏醒"（*Io mi sentî svegliar dentr'alo core*）开头的诗歌的第9行。佛罗伦萨人熟知贝亚特丽切的身份，正如安德里亚·兰奇亚（Andrea Lancia，1341—1343）在《地狱篇》2.76-102的注释中提到的："已故的贝亚特丽切是佛罗伦萨的福尔科·德·波尔蒂纳里之女，杰利·德·巴尔迪阁下之妻"（Azzetta，2012，Ⅰ，p.147）；在兰奇亚之后，薄伽丘称："之前提到的福尔科有一个名叫贝切的女儿，他（但丁）经常用全名称呼她——贝亚特丽切"（*Tratt.* 32）；她"嫁给了骑士西蒙·德·巴尔迪（Simone de'Bardi）阁下"（*Esp.* Ⅱ，70）。作为执政团成员（1282、1285、1287）与新圣母医院的创建人（1288），福尔科·德·波尔蒂纳里在佛罗伦萨历史上有一定的地位。他在遗嘱（1288年1月15日）中提到了女儿贝切："给他的女儿贝切，西蒙·德·巴尔迪阁下之妻，留下50里拉弗罗林币的财产"（Zingarelli，1931，p.299）。与《地狱篇》第5曲中弗朗西斯卡和保罗的故事截然不同，但丁对贝亚特丽切的爱，以及她对他的回应，都没有对他们之后各自的婚姻产生任何影响。

我们没有理由否认《新生》中所描述的贝亚特丽切出生与死亡日期的历史真实性：这个人物精神上的含义，甚至寓意都明显建立在这两个日期的基础上。但丁第一次见

7 贝亚特丽切

到贝亚特丽切时,"自从她来到这世上,星空已向东方运行了一度的十二分之一(相当于八岁四个月❶);所以她在我面前出现时快到九岁,而我那时则快满九岁了"。若贝亚特丽切八岁四个月时,但丁将满九岁("我出生以后,太阳转了九回,几乎回到了原点"),那么这次会面大致应在1274年的春天,而贝亚特丽切应出生在1265年11月到1266年1月之间。算过这些数据后,富有想象力的薄伽丘认为,他们是在5月1日的佛罗伦萨传统节日(calendimaggio)上见面的。《新生》1 III 1[12](参第8章)与15 XXIV 2(爱神说:"你要赞扬那个我令你陷入爱情的日子,因为你有义务这么做")特别强调了第一次见面的纪念日:恰巧,爱神刚说完关于纪念日的话,贝亚特丽切就与春姑娘*一起出现在诗人面前。

与出生日期的模棱两可相反,贝亚特丽切去世的日子非常明确:她是在1290年6月8日落日之后约一小时仙逝的。诗人通过一系列复杂的历法组合来说明她的去世日期,其中大量涉及了贝亚特丽切的象征数字"**九**":

---

❶ 星空(cielo stellato)每转一圈需要36000年(参 *Cv* II、VI),因此,36000年÷360度÷12=$8\frac{1}{3}$。

* "春姑娘"本名焦万娜 - 普里马韦拉(Giovanna-Primavera),是但丁的好友圭多心仪的女子。普里马韦拉的意思是"春天",此处可以看作诗人的巧妙文字游戏。

按照阿拉伯的历法来算,她那最尊贵的灵魂是在那月**九**日的第一个小时归天的;按照叙利亚历法计算,则是在那一年**九**月离开人间……按照我们的历法,她的去世应按天主降生后的年份来算,也就是说,她是在她出生的那个世纪中,完全数(即"十")完成了第**九**次的那一年去世的。(19 XXIX 1 [6])

1290年,贝亚特丽切离开尘世,到达天堂,这一年成为但丁文学生涯的转折点:那场奔赴往生世界、再次见到这位高尚女子的旅程恰恰被安排在十("完全数")年之后。

8 最亲近的朋友,圭多·卡瓦尔坎蒂

《新生》中两人第二次会面的日期很可能也是精心设计、具有象征意义的,这是他初次听到她的声音:

> 在上述那位极高尚的女子第一次出现以后,许多日子过去了,转眼已整整**九**年。在第九年的最后一天,那位楚楚动人的淑女又出现在我的面前。她身着一件雪白的衣裳……当她向我致以极其甜蜜的问候时,正好是那天的**九**点钟。(*Vn* 1 Ⅲ 1 [12])

第二次会面应发生在1283年的春天(3月30日? 4月13日? 5月1日?),"几乎就是"诗人的18岁生日。我们谈论的是一个合乎规矩的年龄,因为"男子在18岁之前不能成为真正的爱人"(Andrea Capellano, *De amore* Ⅰ 5; Crespo, 1971)。只有到了法定年龄、拥有个人自主权时,才能真正地爱一个人。如此算来,从1283年到1290年,但丁真正地爱了贝亚特丽切七年。在人的一生中,这七年是少年,即"人生成长时期"的最后七年(*Cv* IV XXIV 1-2)。至关重要的是,贝亚特丽切对但丁的第一次问候以及之后的"奇异幻象"(爱神让那女子吃下但丁的心)标志着但丁诗歌的真正开端。

> 我一面回忆刚才梦中的幻象,一面想把这事给时下一些出名的诗人讲讲;不管怎样,我发现自己掌握了写诗的技艺,所以准备写一首十四行诗,献给忠于爱神的芸芸众生……于是,我写下了这首以"献给每个被爱占据的灵魂"开头的诗歌。(*Vn* 1 III 9 [20])

这首十四行诗描述了但丁的幻象,但完全没有提到那"极其甜蜜的问候"。由于《新生》的写作时间可能是1293年(参第10章),但丁将自己诗歌的起点追溯至贝亚特丽切,并对此前的"诗歌"语焉不详。然而,现有的证据只能表明,但丁在1283年之前没有写过任何诗歌(《诗歌集》[*Rime*] XXXIX - XLVII)。

诗歌"献给每个被爱占据的灵魂"对重构诗人生平的重要性还体现在:

> 回应这首十四行诗的人很多,而且内容各不相

8 最亲近的朋友,圭多·卡瓦尔坎蒂

同。其中就有一首我最亲爱的朋友所写的十四行诗,以"依我之见,你已了解全部真谛"(*Vedest [e], al mio parere, onne valore*)开头;当他知道寄诗的人就是我时,我们之间的友谊就此拉开了序幕。(*Vn* 2 Ⅲ 14 [1])

出于隐喻的需要,《新生》中的人物通常都是匿名的。但根据基加诺手稿中的这首十四行诗的红字部分(rubrica)及其他证据,我们很清楚这位友人的身份:他就是圭多·卡瓦尔坎蒂。学界普遍认为,他比但丁年长十到十五岁。圭多出身自有权有势的圭尔夫派大家族,1267年,为了尝试与吉伯林派和解,他迎娶法利纳塔·德·乌伯尔蒂之女为妻(这一事件近来受到学者质疑:但请参阅 Villani, *Cron.*, Ⅷ XV;Rea, Inglese, 2011, p. 30)。1280年2月,他与红衣主教拉提诺签署了"和平协议"。1284年,他还成了行政长官委员会成员。

回应但丁的十四行诗的——假设这些回应不是在《新生》流传之后才出现的——还有一首丹特·达·马亚诺所写的十四行诗(喜剧-现实主义风格:"好好洗洗你的睾丸,/直到那令你说出傻话的/热度消失"),以及一首泰里诺·达·卡斯特尔菲奥伦蒂诺或奇诺·达·皮斯托亚(参第18章)所作的诗歌。但《新生》只关注了圭多的回应,不仅如此,这部诗集本身甚至就是献给他的。正是由于圭

多,《新生》才全由俗语写成:

> 从一开始,我的目的就是只用俗语写作……我知道,我最亲爱的朋友与我想法一致,我写这些东西就是为了献给他的,因此,我为他写的东西应当仅用俗语。(*Vn* 19 XXX 2-3 [9-10])

显而易见的是,卡瓦尔坎蒂的抒情诗与但丁描写"痛苦的爱情"的诗歌有许多相似之处。然而,《新生》中讲述的事件以及(原则上)其中的抒情诗与叙述散文的写作时间相差甚远,在这么长的时间里,圭多与但丁在情感和智性上未必总是亲密无间。旅行者但丁在异教徒烈火燃烧的石棺间遇到了卡瓦尔坎特·卡瓦尔坎蒂。通过这次相遇,我们知道,在某一时刻,圭多不仅"轻视"他的朋友为自己树立的精神上的目标,还"不屑"他为实现这一目标所选择的哲学与文学道路:

> 我不是凭自己来的:/等在那边的他领我走过这地方,/或许您的圭多曾轻视他。(*If* 10.60-63)

《新生》(15 XXIV 3-6)中的一个片段可以证明两人的疏远,但彼时他们仍是好友:

8 最亲近的朋友,圭多·卡瓦尔坎蒂

我看到一位以美艳闻名的淑女向我走来,她对我那最亲近的朋友怀着深挚的感情已有时日,她名叫焦万娜,不过有人为了赞美她的美貌而唤她"春姑娘",之后大家都这么叫她了;我定眼一看,跟在她后面走来的,就是那妙人儿贝亚特丽切。这两位淑女先后向我走来,爱神似乎在我心中对我说:"第一位被人称作'春姑娘',只是因此她今日才来;是我怂恿人们叫她春姑娘的,因为'春'(Primavera)的字面意思就是'她将先至'(prima-verrà)*,正是那日,贝亚特丽切遇见了她忠实的爱人,后者在相遇后做了一场奇梦;若你考虑到她的本名,那么唤她'春姑娘'(prima-verrà)也甚相宜,因为'焦万娜'(Giovanna)是从'施洗约翰'(Giovanni)一名而来,约翰在真正的光**之前来到人们面前,他说:'我就是那旷野里呼喊的声音;你们要修直主的道路'"……我经过反复考虑,准备写一首诗给我那最亲爱的朋友(某些话我还是不说为妙),我相信他那时还爱慕着那位春姑娘的美貌。因此,我写下了这首以"情感在我的心中苏醒"开头的十四行诗。

---

* "prima"的意思是首先,"verrà"是"来到"的第三人称将来时。诗人的文字游戏在于,春姑娘走在贝亚特丽切前面,因此"先至"。
** "真正的光"指上帝,参《约翰福音》1.6-1.9。

当然，诗中那些"略过不提"的话令圭多尴尬，但对我们而言，却非常有趣——但丁将焦万娜比作施洗约翰，将贝亚特丽切比作基督：这也就意味着，歌颂两者的诗人之间不可避免地存在高下之分。此外，但丁表示，当他开始写这首十四行诗时，相信圭多**那时还**爱着焦万娜：诗人想让我们明白的是，事实上，圭多**此刻**已经不爱这位淑女了。以"懂爱的女人们"（*Donne ch'avete intelletto d'amore, Vn* 10 XXIX）开头的十四行诗无疑是在1290年之前完成的，在这首诗中，但丁已明确表示，贝亚特丽切将成为在天国享福的人。而随着她进入天堂，两位诗人在**爱的本质**（de natura amoris）这一问题上的客观不同也愈发明显。与主流观点相反，我认为"懂爱的女人们"的写作时间晚于卡瓦尔坎蒂那首以"那个恳求我的女人"（*Donna me prega*）开头的十四行诗，正如《论俗语》Ⅱ Ⅻ 3 所暗示的。更有力的理由是，在《新生》中，但丁解释自己在诗歌与散文中把爱神"当作独立的存在"是出于修辞的需要，这一探讨理论的章节（16 XXV）似乎是与圭多的对话：

> 有资格解释种种疑难问题的人也许会在这里提出质疑……我说到爱神时……（他）仿佛是一种有血有肉的实体……说实话，这是不对的，因为爱神不是一种独立的存在，而是物质中偶然的存在。

8 最亲近的朋友,圭多·卡瓦尔坎蒂

只有卡瓦尔坎蒂,只有他的"那个恳求我的女人"(v. 2)说爱*是**偶然**的存在。❶ 在这一定义上,两位诗人意见一致(除了《炼狱篇》24.52-54 所展示的但丁后期的神学理论)。然而,他们赋予了"爱/爱神"一词截然不同的含义:"……被称为'爱'的……是一种凶猛的偶然事件……使人丧失理智……还常有令人丧命的力量"("那个恳求我的女人",vv. 2-35);"爱神说起她〔贝亚特丽切〕:世间还有什么/能够如此美丽,又如此纯洁?/然后看着她,心中暗下誓约/上帝意在借她之身创造新的事物"("懂爱的女人们",vv. 43-46)。

还有一个小插曲可以说明圭多与但丁渐行渐远的关系。那首著名的以"圭多,我希望你、拉波**和我"(*Guido, i'vorrei che tu e Lapo e io*)开头的十四行诗("圭多,我希望你、拉波和我/可以借助一种魔法/乘着同一艘船……"

---

* 在意大利语中,"爱"(amore)与人格化的"爱神"(Amore)是同一个词。但丁使用的是人格化的"爱神"(首字母大写),圭多文本中则使用"爱"(首字母小写)。

❶ 圭托内在以"爱不属于大多数人"(*Esto amor non è tutti comunale*)开头的诗歌中提到,"得不到回应的爱"是"偶然的错误"(reo acident〔e〕)。〔圭托内·达·阿雷佐(Guittone D'Arezzo)是意大利诗人。"偶然的错误"指的是"一个不可怪罪任何人的错误"。——中译者注〕

** 拉波·詹尼(Lapo Gianni),意大利诗人,但丁的同代人。

[因此,"有着同样愿望的人们/会渴望永远在一起"])记录了一个纯粹而忠诚的时刻:但丁描绘了一个微妙的小团体,包括另一个在文学与历史上都不甚有名的朋友。作为回复,在以"如果我曾是一个值得爱的人"(*S'io fosse quelli che d'Amor fu degno*)开头的十四行诗中,圭多谢绝了但丁的邀请,因为他被**痛苦**(pesanza)压得喘不过气。痛苦不是因为他所爱之人没有回应他的爱情,而是爱与激情本身不可避免的结果。《新生》没有收录这首十四行诗,也许因为彼时但丁的爱人不是贝亚特丽切:"希望我们的魔法师在这艘船上,/除了那排位第三十的女子,/还邀请了万娜夫人与拉吉亚夫人[拉波的爱人]"——而但丁在一首可能与此相关的散佚讽喻诗(serventes)中,列举了佛罗伦萨最美艳的六十位女子,贝(亚特丽)切"恰好排在所有女子中的第九位"(*Vn* 2 Ⅵ 2 [11];不同观点参 Giunta, 2011, p. 170)。

9 滑稽诗、音乐与绘画

滑稽诗（poesia giocosa）对圭多·卡瓦尔坎蒂而言并不陌生：他在以"马奈托，看那个驼背的女人"（*Guata, Manetto, quella scrignutuzza*）开头的十四行诗中嘲讽的女子就是贝亚特丽切。认清这一点虽令人痛苦，却并不荒谬（参 Gorni，2008，p. 90）。此外，拉波·德·乌伯尔蒂（Lapo degli Uberti）在以"圭多，当你说年轻的女牧人时"（*Guido, quando dicesti pasturella*）开头的十四行诗中，指责圭多打着女牧人的幌子，其实讲的是一位男性恋人。但丁至少在一组与友人福雷塞·多纳蒂（Forese Donati）的辩论诗（tenzone）中，写过这种类型的诗歌。作为忏悔的贪食者，福雷塞将成为《炼狱篇》23.37-24.129 的主角（他与诗人的妻子杰玛之间的亲属关系，请见本章的家谱）。学者们普遍认为，这组庸俗、看似侮辱人的辩论诗应作于 1296 年之前，因为福雷塞在那一年去世；这组诗一共包括了辩论双方的六首十四行诗,在多纳蒂的那三首中,有些但丁生平的线索。当然,我们需要考虑辩论诗滑稽的本质与侮辱对手的特有语境。福雷塞坚称已故的阿拉吉耶罗和他的三个子女——但丁、(加埃)塔娜和弗朗西斯科——非常贫穷;此外,他似乎还提到了他们的堂兄,著名的借贷人贝洛之孙贝利诺(以"去吧,把圣加洛的东西还回去"[*Va, rivesti San Gal*]开头的十四行诗:"你必须和你的妹妹塔娜、你的弟弟弗朗西斯科一起劳动,/上帝保佑你们,/贝鲁佐*和你们不是一路人")。福雷塞还斥责但丁没有为父报仇。这种侮辱也十分典型,话题似乎仍围绕着阿利吉耶里家族的经济状况:"我知道,你可真是阿拉吉耶罗的好儿子,/你前天为他在鹰徽币交易中受到的冒犯报了仇,/真是干脆利落呀"(以"我知道你是"[*Ben so che fosti*]开头的十四行诗)。然而,所谓的未报之仇其实只是稀松平常的小事:阿拉吉耶罗似乎在一次鹰徽币(一种比萨银币)交易中被骗,或至少有所损失。

但丁在佛罗伦萨的青年岁月与艺术界联系紧密。他曾是个画家:"我一面想念着她[贝亚特丽切],一面在画板上画了一个天使"(*Vn* 23 XXXIX 1);从契马布埃到乔托,他很熟悉"不同代际"的佛罗伦萨绘画;

---

* "贝鲁佐"即"贝利诺",意为"小贝洛"。

9　滑稽诗、音乐与绘画

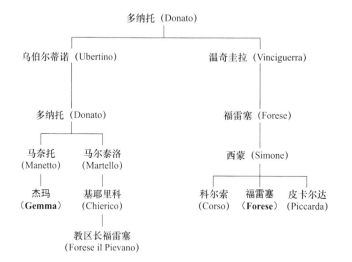

不仅如此，他还具备相当的艺术鉴赏能力：无论是博洛尼亚人弗朗克这种现代人已一无所知的画家，还是像奥代里西·达·古比奥一样如今仍大名鼎鼎的细密画家（minatori），他都如数家珍（参 *Pg* 11.79-84, 94-96）。而至于音乐，鉴于诗与乐之间脉脉相通，我们甚至不需要证据来证明诗人对音乐的熟悉："年轻时，他非常喜欢演奏和唱歌，当时最优秀的歌者与演奏家都是他的朋友"（Boccaccio, *Tratt.* 118）。先后出现在《炼狱篇》中的音乐家卡塞拉（2.91）与诗琴工匠贝拉奎（4.123）都是但丁的好友。

10 与哲学相遇(1293—1295)

贝亚特丽切去世一年后(*Vn* 23 XXXIX 1:"在我的淑女进入永生国度正满周年的那一天"),《新生》中出现了另一位仁慈而善良的女子。20 XXX -27 XXXVIII叙述了诗人在贝亚特丽切与这位女子之间的思想"斗争"。之后,某"一日","大约九点钟"(九点即"正午",也将是旅行者但丁从伊甸园飞往最高天[Empireo]的时刻)光景,贝亚特丽切的幻象令诗人开始痛苦地悔恨自己卑下的行为。但丁想象着将一声"智慧的叹息"推向最高天("穿越人间直上广阔无垠的远方"是《新生》中最后一首十四行诗的开头),随后,在他面前迅速出现了一个"奇异的幻象";在这个幻象里,他看到一些事物,使他下决心"不再谈论这位至圣的淑女"(*Vn* 31 XLII 1)。这样的一个结尾显然与《神曲》有关("我希望用从来没有用于任何女性的语言来描述她");但若要说在1293年左右,诗人给《新生》收尾时,

10　与哲学相遇（1293—1295）

就已经构思出一部关于贝亚特丽切的"天堂诗篇"，也未免有些牵强（参 Padoan，1993，pp. 22-3）。

而《新生》结尾的这一声明与《飨宴》之间的一致则不那么明显："在这本书中，我将不再谈论那有福的贝亚特丽切。因此，我们最好在关于灵魂不灭的问题上结束这一话题……"（*Cv* II VIII 7）这一巧合似乎使《新生》中的发展顺序（贝亚特丽切去世—但丁倾心于另一位淑女—回归贝亚特丽切）与《飨宴》第 2 卷中的两个章节（II，XII）自述的人生经历之间的冲突更加尖锐：前者毫无疑问与《炼狱篇》30.109-141 中的描述相符（贝亚特丽切去世—但丁"入歧途"—回归贝亚特丽切）。《飨宴》第 2 卷的第 2 章解释了以"你们，以思想推动第三重天者"（*Voi che'ntendendo il terzo ciel movete*）开头的诗歌的字面意义（esposizione letterale）；第 12 章则讨论了诗歌的譬喻意义（esposizione allegorica），揭示了"你们，以思想推动第三重天者"与《新生》中的那位淑女其实是哲学的化身（"将其想象成一位淑女的模样"）。

也许，这正是但丁自述生平中最微妙棘手之处。布鲁诺·纳尔迪（Bruno Nardi）就此提出了一个令人尴尬的问题："应该相信但丁还是他的评论家们？"（*Cultura neolatina*，2，1942，pp. 327-33）然而，为了"相信但丁"，纳尔迪必须假设，在《飨宴》之前，《新生》以"那位淑女"(而非贝亚特丽切)的胜利作结;而在《飨宴》之后,诗人按照《神曲》的观点**重写**了《新生》(尤其最后几章):贝亚特丽切/启示(Rivelazione)战胜了哲学的理性主义主张。但任何一个版本的《新生》都不太可能以"神迹"贝亚特丽切的失败作结。因此,更合宜的做法是,承认《飨宴》提出的阐释就其作品本身而言是有意义的,但仅此而已。《飨宴》是一条"断头路":《飨宴》中那位哲学的化身与《新生》中的仁慈淑女截然不同;同理,这两位也与《炼狱篇》31.59中的"少女"无关。《新生》中的仁慈淑女体现情欲的偶然:对于曾到达永恒最高天的人而言,这是一种令人沮丧的衰落与消耗。《飨宴》中的女子假装成"上帝之女,一切的主宰,至高至美的哲学"。而根据贝亚特丽切在伊甸园中对但丁的斥责,《炼狱篇》中的少女象征着"当下之事",即所有阻碍他追寻至善(Sommo Bene)的尘世悲欢。与"另一位女子"的诸多不同形态相反,贝亚特丽切在这三部作品中总是那个**真实存在**(storico)的人——生前,她是诗人的爱人;死后,她是高天中神圣的灵魂。正因如此,她在《神曲》中承载着启示真理的重任。

如上所述,在《飨宴》中,但丁与哲学的相遇时间以贝亚特丽切去世的那一天(1290年6月8日)为参照。

10 与哲学相遇（1293—1295）

那有福的贝亚特丽切，她在天堂与天使同在，在尘世与我的灵魂同在。自她去世，金星沿着它的轨道已经转了两圈；根据不同的时节，有时它在白天出现，有时它在夜晚出现；之后，那位我在《新生》的结尾提到过的淑女，才在爱神的陪伴下，**初次出现**在我的眼前。（*Cv* Ⅱ Ⅱ 1）

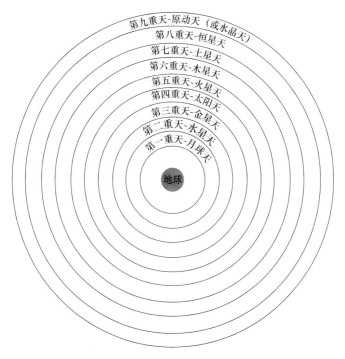

但丁使用的托勒密宇宙模型

根据古代天文学家的计算,金星天转一圈需要 365＋219＝584 天。❶ 两圈即 584＋584＝1168 天。如果从 1290 年 6 月 8 日开始计算,1168 天,即 3 年 72 天,那么此时应该是 1293 年 8 月 21 日。但丁的计算不一定精确到**"天"**(ad diem),因为他用金星天举例的原因明显在于,金星象征着爱情。然而在另一方面,我们也没有理由忽视但丁将这一"开端"放在 1293 年夏末的用意:彼时,诗人刚刚结束语法-修辞的学业,正准备进入哲学的世界。从日夜思念贝亚特丽切过渡到研习哲学,需要时间——"在这新的热爱真正成熟之前","两种矛盾的想法在我的脑海中不断斗争:一方面我希望投身这新的热爱,而另一方面,对贝亚特丽切的爱仍占满了我的心扉"(*Cv* II II 3)。正是在这一"斗争"的时期(因此,1293 年 8 月之后),诗人完成了《新生》。当"这一与天国的美德一样崇高的新思想最终获得胜利"时,诗人写下"你们,以思想推动第三重天者……";在《飨宴》第 2 卷中,我们可以找到这首诗歌的评注。

根据但丁的讲述,我们可以精确计算出那位淑女从初

---

❶ 几乎精确地符合金星绕太阳一周(224 天)与地球绕太阳一周(365 天)的实际天数总和。

次出现，到赢得他的心的这段时间。❶ 在第12章*中，为了解释譬喻意义，但丁称，在贝亚特丽切去世"一段时间"后，为了慰藉自己，他开始阅读"波伊提乌那本不为大多数人所知的书……并在其中获得了安慰"，还有那本西塞罗"在讨论友谊时，谈到了莱利奥……在西庇阿死后的安慰之语"的书（*Cv* II XII 2-3）。** 这两本书令但丁认定"哲学，即这两位作者的爱人……是最重要之事。并且，在他的想象中，哲学有着一副淑女的模样"（*Cv* II XII 5-6）。第2章讲述了1293年夏末诗人阅读波伊提乌的体验，淑女-哲学的意象正由此而来。诗人继续他的讲述：

> 从这一意象起，我开始寻找真正的哲学，她在宗教学校里，也在与哲学家们的辩论中；如此，在一段很短的时间，**大约30个月**，我开始强烈地感受到她的甜蜜，对她的热爱战胜了一切，我不再关注任何其他的事物。因此我……几乎惊奇地开口谈论这首抒情诗……

---

❶ 这并不意味着"实际"发生的事也遵循这个顺序：特别值得注意的是，只因《飨宴》中的解释，以"你们，推动第三重天的天使"开头的诗歌才有了所谓的譬喻意义；就其本身而言，诗歌的主题与《新生》描写仁慈淑女的部分很相似，尤其是那首以"崇高的思想"（*Gentil pensero*）开头的十四行诗。

* 《飨宴》第2卷第12章。

** 即波伊提乌（Boezio）的《哲学的慰藉》（*De consolatione philosophiae*）与西塞罗的《论友谊》（*Laelius de amicitia*）。

因此，这首诗是在与哲学相遇30个月之后写成的：从1293年8月开始计算，应是1296年2月。对许多学者而言，这一成稿时间似乎过晚：他们认为，卡洛·马特罗在《天堂篇》8.37中引用了"你们，以思想推动第三重天者"，这表明他在1294年3月游览佛罗伦萨时就已经接触到了这首诗歌。这一论据本身并没有什么说服力，即便予以采用，也只能证明诗歌的"实际"写作时间，而不能解释《飨宴》中"30个月"的说法：对但丁而言，重点不是确定这首诗的写作时间，而是表明他研习哲学的时间。虽然诗人入门相对较晚：他在28岁或30岁时才进入大学学习哲学，但正是这段时间的学习，一方面确保了他有能力在1304—1307年写出《飨宴》，另一方面，也在1295年为他提供了步入政界的敲门砖（参第12章）。

我们必须假设，少年时期的但丁曾师从一位语法教师（doctor gramatice）学习三艺*；彼时佛罗伦萨的教育水平很低，甚至不如皮斯托亚——后者至少有一所法学院（Davis，1988，pp. 135-66）。在《地狱篇》15.84-87中，但丁严肃地表明，自己是布鲁内托·拉蒂尼的学生。但准确地说，拉蒂尼只是"按时"给诗人授课的临时私人教师：

---

* 中世纪的博雅教育分为"三艺"（Trivio）与"四术"（Quadrivio），前者包括语法、逻辑与修辞，后者包括算数、几何、音乐及天文；在学习四术之前，要先学习三艺。

10 与哲学相遇（1293—1295）

他既不是中学教员，也不在大学工作。在佛罗伦萨，只有一些修会的神学教育维持着较高的水准：1287—1289年，彼埃特罗·第·奥利维与乌伯尔提诺·达·卡萨莱任教于圣十字圣殿的方济各会宗教学校（这一佛罗伦萨的方济各会学校与博洛尼亚的平级，但不如巴黎、牛津与剑桥的学校）；多明我会的一些神学教师在新圣母教堂授课，其中包括了雷米焦·德·吉罗拉米：他师承托马斯·阿奎那，自1274/1276年至1297/1298年在教堂授课，这个时间段与但丁息息相关。之后，雷米焦还在不同的时期于此讲学，直到1319/1320年去世（S. Gentili, *DBI*, 56, pp. 531-41）。早在《新生》中，我们就可以发现但丁研习哲学的痕迹。诗人认为，爱情/爱神在本质上是**偶然的**（accidente），这一观点暗示了亚里士多德《论天》（*De caelo*, 279a 15）中的理论："由于'走来'（venire）是一种局部运动，按照哲学家的观点，只有肉体才会走动。"（*Vn* 16 XXV 2）对《形而上学》（*Metaph.* 993b 9-11）的引用则更具有挑战性："我想着她，那是一个我的智力无法理解的境界，因为当我们的智力面对至圣的灵魂，犹如我们衰弱的眼睛对着太阳一样：一位哲学家在《形而上学》第2卷中曾说过这样的话"（*Vn* 30 XLI 6；参 *Cv* II IV 16 及 Vasoli 的注解）。

尽管《飨宴》只字未提，但不可否认，正是与圭多·卡瓦尔坎蒂的交流使但丁对哲学的兴趣愈发强烈。圭多作为人们口中的"哲学家",最大的"哲学成就"就是写出了那首以"那个恳求我的女人"开头的十四行诗:他是个"激进"的亚里士多德派;但丁本人在《炼狱篇》25.62-66中,通过将伊本·鲁世德(Averroè)与"那个恳求我的女人"的引文联系在一起,暗示卡瓦尔坎蒂是一个伊本·鲁世德-希吉尔(averroistico-sigeriana)主义者。但丁在托钵修会宗教学校的学习经历,如前文所述,表明他与《花》的作者之间的明显区别。秉承应有的谨慎态度,我们也可以认为,这一明显区别是圭多·卡瓦尔坎蒂在以"我整天想着你,无数次来到你身边"(*I'vegno'l giorno a te'nfinite volte*)开头的十四行诗中化身爱神,以一种难以捉摸的语气"斥责"但丁的原因:

> 你像往常一样,不讨许多人的欢心,/你一直逃离那些无趣之人[……]。如今,我没有勇气表现出喜欢你的诗歌,/因为你现在过着一种不光彩的生活[……]。如果你读到我的这首诗,/也许你会重新快乐起来。

"许多人"与"无趣之人"可能泛指圭多蔑视的贵族们,或更确切地说,指但丁在1294年不再避讳的"小资产平民"与修士(参Gorni,2008,p. 33与p. 39)。"当然,根本原因在于,但丁彻底改变了自己的生活"(Rea,Inglese,2011,p. 224)。

11 歌颂正义的诗人

《飨宴》中,诗人还讲述了自己是如何从学习哲学的人("智慧之友"),最终转变为正义使者的(Ⅳ Ⅰ 4-5):

> 成为上述那位淑女的友人之后,我开始爱她所爱,恨她所恨。如她一般,我开始热爱真理的追随者,厌恶谎言与谬误的信徒。然而,每一事物就其本身而言,都有可爱之处;可恨的不是事物本身,而是外界加之其上的恶意。理性与真诚的人并不憎恨事物本身,他们憎恨它展示出的恶意,并尽量远离这些恶意。如果有人可以领悟这一点,那一定是这位哲学的淑女:我的意思是,如果有人能够将恶意从事物本身分离出来,因为我们需要憎恨的只是恶意而已。对这位淑女的热爱驱动着我,我在行动中追随她,那首以"我轻视并憎恶人们的错误"(*li errori della gente abominava*

e dispregiava）开头的诗歌不是为了斥责犯错的人们，而是为了羞辱错误本身：我希望这些斥责能使犯错的人感到遗憾，并远离那些我憎恨的错误。

诗人首先通过诗歌展示对错误的憎恨：与《新生》中遵照的卡瓦尔坎蒂式做法完全不同（16 XXV 6："这与不写爱情而写其他题材的诗人截然不同，因为这种体裁的语言［俗语］从始至终就是用来抒写爱情的"），但丁之后的诗歌以美德为主题。例如，以"从爱神抛弃我的那一刻起"（*Poscia ch'Amor del tutto m'ha lasciato*）开头的十四行诗描写了真正的"优雅"，反对"虚伪、邪恶的骑士"。类似的还有一些晚期的诗歌，例如1305—1308年（Giunta, 2011, p. 519）抒写正义的"三位淑女来到我心间"（*Tre donne intorno al cor mi son venute*）以及赞美慷慨大度的"痛苦给我的心带来勇气"（*Doglia mi reca nello core ardire*），但丁将后者送给了一位"比安卡·焦万娜伯爵夫人"。这位比安卡·焦万娜可能是《炼狱篇》6.17中"获救"的费德里科·诺韦洛的姐妹，萨拉齐诺·博纳克尔希的妻子（Carpi, 2013, p. 80）；或也可能是几乎同名的焦万娜，即费德里科的另一个姐妹，她在1300年嫁给了堂兄特格里莫二世（Bausi, 2013, p. 212）。与之相对，当主角是一个铁石心肠的女人时，抒情诗的调子变得刺耳，诗人使用

11 歌颂正义的诗人

更微妙精巧的暗喻和韵律：以"我来到这个季节"（*Io son venuto al punto della rota*）开头的十四行诗的写作时间应是1296年12月末。

《飨宴》中的这个片段也大致指出，在某一时刻，但丁中断了形而上学的研究，以传播正义之歌："我的淑女向我展露了一点点她美妙的面容，尤其是我认真观察的部分，即元素的原始质料（prima materia）是否包含在上帝中的问题……有那么一会儿，我不再盯着她的脸庞"（8）。由于可能对公民生活产生非常严重的影响，在各种值得憎恶的"罪过"之中，最严重的似乎与**高贵**（nobiltà）有关：

> 在各种各样的错误里，我认为，最严重的那一个，不仅对犯错的人本身而言有害、危险，也会给其他人带来痛苦与危害。这个错误与我们与生俱来的善良（bontade）的价值相关，这一善良的品质应被称作"高贵"（nobilitade）；由于不良的习俗，由于缺乏智慧，这一谬误非常顽固，几乎所有人都持有错误的观念；因此，错误的观念产生错误的判断，错误的判断导致不当的崇敬与鄙夷：好人受到无礼的对待，恶人得到荣誉与颂扬。这是世上最糟的混淆。（6-7）

因此，但丁一度"暂停"了对形而上学的研究，说道：

> 我要对那些走入歧途的人大声疾呼,直到他们回到正路;我写了一首以"甜蜜的爱情诗,我常常"开头的诗歌。在这首诗中,我希望通过让人们认识到真正的高贵,将他们带回正路。(9)

这首诗主要抨击的是对高贵出身的迷信,无论这些贵族是否拥有"古老的财富";为反对这类错误的观点,诗人重申"良善"(gentilezza)的天性只属于个人,这种天性"来自上帝,是他播种在对接受神恩准备就绪的灵魂"中孕育美德与幸福的种子("甜蜜的爱情诗,我常常",v. 120)。对"高贵"血统的错误观念与根据财富将人分成三六九等的不义做法,导致了诗人提到的"世上最糟的混淆";尽管就字面上看,这个提法似乎是泛泛之谈,但却与1295—1301年但丁积极参加市政生活的背景十分相符(参第12章)。对贵族"出身"(v. 30)的彻底否认,首先打击了出自"古老血统"的傲慢。然而,细想之下,这同时也消解了反权贵立法的理论基础:这一法令将"贵族"驱逐出市民政府,仅仅因为他们出身"大"家族;吸纳"非贵族",仅仅因为他们出身"卑微"。但丁这个说法的"重点"在于,他希望重新定义**良善**作为"政治"概念包含的内容及其伦理根基(参Borsa,2007)。

《神曲》记述了这几年间发生的一件奇事:下到犯买卖

圣职罪者的恶囊（bolgia）时，旅行者但丁发现底部石头上布满了圆形的孔洞，这些孔洞都一般大小。"在我看来，在我那美丽的 / 圣约翰洗礼堂中，为施洗盆而造的孔洞，/ 不见得更宽或更大；/ 距今还没有多少年前，/ 我曾破坏过其中的一个，/ 为了救一个掉进去快要溺死的人：/ 让这话证明事件的真相，使所有人都不受欺骗。"（*If* 19.16-21）我们几乎可以确定，"施洗盆"指放置于洗礼堂地面圆孔中的陶土容器（Tavoni，1992）。仪式要求将新生儿浸入水中三次（Mazzoni，1995，p. 124），在这个过程中，教士应该因为手滑，没能抓住新生儿；当时在场的但丁（也许作为新生儿的教父？）迅速打破了施洗盆，救出了孩子。当诗人写下这件事时，事情才过去"没有多少年"，因此，应发生在他流放前不久（参 Indizio，2002a，p. 90）。但丁借这几行诗为自己辩解的意图发人深思：也许在黑派人士诋毁诗人的档案中，记录了这一亵渎圣物或破坏财产的行为；然而，由于缺乏背景信息，我们不能做出完全令人满意的解释，因此，即便是最大胆的假设，也几乎不可"证伪"。

12 担任公职(1295—1301)

1295年11月到1296年4月,但丁是人民首领三十六人特别委员会(Trentasei del Consiglio speciale del Capitano del Popolo)的一员(Barbi, 1934, pp. 149-51)❶;5月23日,他成为百人团会议的成员(直到9月30日),并于1301年4—9月再度参与百人团会议(ivi, pp. 151-3)。

根据记录,1295年12月14日,但丁发表了第一次演说(*CDD* 53)。十二大行会(XII maiores artes)❷首领会议邀

---

❶ "当但丁……开始他的政治生涯,进入市政工作时……七大主要行会(Arti maggiori)控制着政府,由所谓的行会首领发起并领导商业活动;平民集团(Popolo)有自己的委员会,由首领(Capitano)把控;贵族被排除在这些委员会之外。这些委员会负责讨论审议主要的商业活动,然后交由行政长官(Podestà)主持的市政会议(Consigli del Comune)批准。贵族可以进入市政会议,但没有任何优势。"(Barbi, 1934, p. 145)

❷ 除了七大行会,自1292年起,行会首领承认了屠户行会、鞋匠行会、铁工匠行会、建筑工匠行会和旧货商行会;参Diacciati, Zorzi(2013, pp. XVII - XVIII)。

12 担任公职（1295—1301）

请了一些有识之士，共同讨论将来选举市政长官的方法："但丁·阿利吉耶里［他作为"贤哲"参与会议］提出，每个教区指定首领与贤哲［作为候选人。——中译者注］……然后由教区的全体成员进行投票。"然而，由于记录缺失，我们不知道每个教区的候选人数；其他的发言者提出3个、4个或6个；因为缺乏文献材料，我们也无法得知最终决定的人数。

也许并非偶然，但丁进入佛罗伦萨的政治生活时，另一位主角才刚刚离开这个舞台。1295年2月17日，反贵族的《正义法规》的发起人（1293年1月18日与4月10日）贾诺·德拉·贝拉（Giano della Bella），在他本人缺席庭审的情况下，被判处死刑。"在贾诺被驱逐……在他那摇摇欲坠的房子被抢走之后，不富有的平民（popolo minuto）失去了一切生机与活力，之后再无所作为。"（Compagni, Ⅰ ⅩⅦ 82）"从那以后，手工业者与不富裕的平民在公共生活中变得无足轻重，但有钱有势的富裕阶层平民仍留在政府中"（Villani, *Cron*., Ⅸ Ⅷ）：这些富裕平民也就是主要行会的成员，但丁参加的医生和药剂师行会就属此列。贾诺逃往法国，1311—1314年在那里去世。在《天堂篇》中，借卡恰圭达之口，诗人调侃贾诺："所有那些炫耀男爵［指乌戈·第·托斯卡纳］/美丽的（dela bella）*徽章的人……

---

* 贾诺的家族姓氏"德拉·贝拉"（della Bella）意为"美丽的"（dela bella）。诗人在这里玩了一个文字游戏，借"美丽的"暗指贾诺。

从他那里继承了爵位和特权，/虽然一个佩戴金边徽章的人［指贾诺］/今日与平民站在一起。"（16.127-132）但丁玩笑的语气似乎很中立，至少"平民"并不特指"贫穷的平民"。

然而，行会与"大人物"（即贵族）之间的关系持续紧张（Villani, *Cron.*, Ⅸ Ⅻ）。在这样的背景下，但丁于1296年6月5日在百人团会议的发言就显得至关重要了（*CDD* 56）。这次会议需要审议各种不同的问题，其中包括了是否赋予执政官（priori）与旗手（gonfaloniere）特权，让他们能够任意处置那些辱骂或伤害"正在执行公务的平民"的人，"尤其是贵族"。"但丁·阿利吉耶里认同上述提议"；关于特权的提案"以68票赞同，7票反对通过"（无论如何，这都是此次会议中最高的反对票数）。

多纳蒂家族与切尔基家族之间的冲突导致情况明显恶化：前者拥有"古老血统"，后者是不与平民作对的"大富商"（Compagni, Ⅰ ⅩⅩ 100 及 ⅩⅫ 118）。在家族间的世仇之下，还隐藏着"两个针锋相对的银行家团体"之间的冲突：尤其，"其中一方追随切尔基家族与斯卡利－莫齐家族（Scali-Mozzi），而另一方则唯斯皮尼家族（Spini）*马首是瞻"（Parenti, 1978, p. 307）。这一冲突使圭尔夫派彻底分

---

* 在两个家族的冲突中，斯皮尼家族是多纳蒂一派的。

12 担任公职（1295—1301）

裂，将"富裕的平民"也牵连其中：他们因共同的商贸或金融事业而与权贵联系紧密。

孔帕尼强调了作为切尔基家族盟友的圭多·卡瓦尔坎蒂与科尔索·多纳蒂之间的对立，这两个人物对但丁而言都非常重要。根据编年史的记载，1296年12月16日，在一场葬礼上，多纳蒂与盖拉尔迪尼（i Gherardini）两个家族成员之间的争执第一次演变为武装冲突：

> 切尔基家族成员及其盟友、追随者——盖拉尔迪尼、卡瓦尔坎蒂、贝林丘尼——骑着战马，全副武装地带着步兵，怒气冲冲地奔向科尔索阁下位于圣皮耶罗大殿附近的住所，大喊："着火了！着火了！"科尔索阁下一面救火，一面与他们搏斗；切尔基家族和他们的盟友落荒而逃。圭多·卡瓦尔坎蒂的手部受伤，并被市政府判罚一千里拉……科尔索阁下的兄弟西尼尔巴多及其子西蒙被驱逐出境，并处罚金两千里拉。（*Cron. fior.*, pp. 147-8）

因接受了对皮斯托亚为期五年的司法管辖权（balia）*，

---

* 这里的用法符合词源学上的含义（baiulus），即佛罗伦萨对皮斯托亚拥有相当于最高统治者的权力。

自1296年起，佛罗伦萨市政府就卷进了坎切列里（Cancellieri）家族"黑""白"两个分支间纯粹的私仇之中。皮斯托亚巨头之间的纷争转移到了佛罗伦萨："黑"方寻求多纳蒂家族一派的支持，"白"方则投靠了切尔基家族的派别。我们可以想象但丁这几年间的分裂人生：一方面，他的妻子是多纳蒂家族的一员，另一方面，他与圭多·卡瓦尔坎蒂既是好友，又在智识层面上惺惺相惜，即便这份友谊因之前提到过的种种分歧产生了裂痕；此外，诗人还高度认可平民政权（Comune di Popolo）的价值。

1300年5月1日，"切尔基家族的几个年轻人遇到了多纳蒂派的一群人……用武器袭击了他们。在这次械斗中，里科维利诺·德·切尔基被多纳蒂派一个持武器者割掉了鼻子"（Compagni，Ⅰ XXII 115-7）。不管怎样，市政府都被卷进了这场争斗，因为执政团中个别成员与黑派或白派交往甚密：对立与冲突日益残暴，这在一方面促使一些平民家庭与黑派或白派更紧密地团结在一起，但另一方面，也激起一些希望保持"中立"（Compagni，Ⅱ Ⅸ 36）、远离两派的公民更强烈的反抗。

无论如何，都不能质疑但丁对"和平与统一的渴望"（Ⅰ XXIV 127）。5月7日，作为市政府特使，他的任务是代表佛罗伦萨向托斯卡纳圭尔夫派"联盟"表明忠心不变（*CDD* 73：圣吉米尼亚诺召开政务大会，"作为佛罗伦

12 担任公职（1295—1301）

萨市政府的特使，但丁·阿利吉耶里代表政府出席这次会议；他声明，必须在某个地点召集一次会议，以讨论确立新首领一事"；提议获得大会的一致同意）。此后不久，但丁当选为执政官，任期从6月15日到8月14日。执政团的其他成员是：诺夫·圭迪（我们知道，他支持黑派）、内里·第·雅各布、内洛·第·阿里杰托·多尼、宾多·第·多纳托·比伦基、里科·法尔科内蒂，再加上旗手法齐奥·达·米乔勒（参 Marchionne di Coppo Stefani, *Cronica fiorentina*, N. Rodolico, ris^2, xxx, 1, 1903, p. 82）。提到这些无名之辈的目的也在于更好地确认但丁这一职位的价值：当选执政官对诗人的生平而言至关重要，然而从佛罗伦萨制度历史的角度来看，不过是普通的职位轮转而已。❶

1300年6月23日发生了一件大事，再次证明对立两派之间关系恶劣。孔帕尼的叙述如下：

---

❶ "佛罗伦萨执政团共由7位官员组成：6名来自行会的执政官以及1名正义旗手，他们的任期不超过两个月。因此每年有42人参与执政团；而根据规定，任期结束之后两年内不得再次参选，这意味着每两年，市政府至少需要91名（84＋7名在职）市民当选执政官或旗手。实际上，担任过这一公职的人数肯定更多……因为只有很少的人再次担任同一职务……因此，成为执政团成员并不意味着杰出的能力或极大的荣誉，而只是一个运行良好的平民政权证明其治下的公民重视政府的必要论据而已。"（Todeschini，1872，pp. 381-2）

圣约翰节前夜,按照习俗,行会成员在执事们（consoli）的带领下前往教堂捐款。在路上,他们遭到了一些贵族的攻击,他们（贵族）说道:"是我们赢得了坎帕尔蒂诺之战,然而你们却不让我们担任公职,将我们排除在政治权力与荣誉之外！"执政官们（但丁是其中之一）非常恼怒,听取了许多市民的建议（我本人就是其中之一）,将一些派系斗争成员驱逐出境：多纳蒂家族一派的科尔索阁下、西尼尔巴多·多纳蒂、罗索·德拉·托萨阁下、罗塞利诺·德拉·托萨阁下、贾基诺托阁下、帕齐诺·德·帕齐阁下、杰利·斯皮尼阁下、波尔科·马涅利阁下及他们的配偶被驱逐到佩鲁贾境内的皮耶夫城堡；切尔基家族一派的真蒂莱阁下、托里贾诺阁下、卡尔博内·德·切尔基、圭多·卡瓦尔坎蒂、巴斯基耶拉·德拉·托萨、巴尔迪纳丘·阿狄玛里、纳尔多·盖拉尔迪尼和他们的配偶则被流放至萨雷扎诺。切尔基一派接受了惩罚,出发前往流放地；而多纳蒂一方则不愿离开,并密谋反抗执政官的命令……在雅各布·德·巴尔迪阁下之子巴尔托洛的不懈努力下,他们终于同意接受流放的惩罚。(Compagni, Ⅰ XXI 109-12)

根据《马尔恰纳编年史》(*Cronaca Marciana*) 的记

12 担任公职（1295—1301）

载，但丁及其同僚于**7月**"召回了切尔基一派的流放者，而多纳蒂一方则继续滞留在外。切尔基派的回归令佛罗伦萨陷入了更加分裂的境地"（Cappi，2013，p. 197）。然而事实上，召回切尔基派的是8月中旬继任的执政官。黑派利用了这一不准确的，甚至可能是故意捏造的信息，控诉但丁；诗人在为自己辩护的书信《我的人民》（*Popule mee*）中否认了这一点（参第20章）。多亏了莱奥纳尔多·布鲁尼的记录，我们才知道这封书信的存在：

> 与他一起执政的有帕尔米耶罗·阿尔托维蒂阁下❶、内里·第·雅各布和其他人；1300年开始的这段任期使但丁遭到流放，他此后人生中的所有不幸，也都源自于此。以下是他本人在一封书信中的陈述："我所有的不幸与困难，都源于那场令我当选的大会；也许我的智慧不足以担起这个职位的重担，但我的忠诚与年龄却与此相称：距坎帕尔蒂诺之战已整整十年，在那场战争中，吉伯林派几乎全军覆没；彼时的我已有作战经验，但仍在一开始时感到巨大的恐惧。最后，

---

❶ 布鲁尼的错误源于，他将黑派在圣三一教堂的"集会"（raunata）提前至1300年（维兰尼也认为集会发生在1300年）。实际上，这次集会于1301年6月1日召开，彼时，阿尔托维蒂担任执政官（4月15日—6月14日）。

因在战争中取得了胜利,我体会到了巨大的喜悦"……由于城市处在武装骚乱中,根据但丁的建议,执政官们采取预防措施,站在人数更多的平民一边,以加强自身实力;站稳脚跟后,他们将两派领袖逐出边境……这令但丁陷入巨大的困境中……他被批偏袒白派……被流放到萨雷扎诺的市民[即白派人士]很快回到了佛罗伦萨,而那些被驱逐到皮耶夫城堡的却仍留在边境之外,这引发了嫉妒与敌意。但丁对此的解释是,当这些人被召回佛罗伦萨时,他已离任,所以无须对此负责;另外,他声称,他们是因为圭多·卡瓦尔坎蒂才回来的:圭多在萨雷扎诺病倒,之后很快就离开了人世。(*Vita*, p. 542)

圭多的葬礼也证实了但丁的说法:他在萨雷扎诺或佛罗伦萨去世❶,1300年8月29日葬于圣雷帕拉达教堂。

1301年6月1日,黑派在圣三一教堂(Basilica di Santa Trinita)公开集会,派系斗争由此进入白热化阶段。白派发表声明,强烈谴责黑派,声称这是一次"谋反",要求执政团予以惩罚。作为证据,白派展示了黑派头目(其

---

❶ 圭多更有可能在萨雷扎诺去世,因为"白派人士被允许返回,是因为他们必须要将这位诗人的遗体带回佛罗伦萨,仅仅疾病不足以构成返回的理由"(Petrocchi, *ED*, App., p. 26)。

中包括一位西蒙·德·巴尔迪,他似乎正是贝亚特丽切的鳏夫:参 Cappi,2013 对 Compagni,Ⅰ XXIV 130 的注释)与圭多·达·巴提弗勒达成的一项协议。至于接下来的一系列镇压行动,我们无法通过史料证实其重要性。保利诺·皮耶里罗列了被执政团驱逐出境后,于 1301 年 11 月返回佛罗伦萨的黑派人士(*Cron.*,p. 68),他们是科尔索·多纳蒂、杰利·斯皮尼、帕齐诺·德·帕齐、罗索·德拉·托萨、罗塞利诺等。借恰科(Ciacco)的伪预言,但丁本人写道:佛罗伦萨人"在长久的斗争之后,/要闹到流血的地步,乡下人一派[即切尔基派]/将驱逐另一派,并予以重创"(*If* 6.64-66)。虽然黑派在 1301 年夏天遭到的惩罚比不上前一个世纪圭尔夫派与吉伯林派冲突期间的大规模驱逐(Arnaldi,1997),但皮耶里的记录足以证明但丁所述"驱逐"的真实性。

然而,与此同时,冲突越来越带有政治色彩。"切尔基派没有采取实际行动,但威胁要与比萨人和阿雷佐人结盟。多纳蒂派心怀恐惧,于是声称切尔基派与托斯卡纳的吉伯林派勾结在一起;这些谣言传到了教皇卜尼法斯八世耳中。"(Compagni,Ⅰ XXI 106)黑派希望表现出自己才是得到罗马教廷支持的真正"圭尔夫派"。早在 1300 年秋天,教皇就开始筹划卡洛·第·瓦卢瓦的意大利事业,目标是"安定"托斯卡纳与重新征服西西里。圣三一教堂的集会爆发在卡洛南下前夕。集会之后,在危急中,卜尼法斯八世请求"圭尔夫派"的佛罗伦萨继续资助对圣菲奥拉的阿尔多布兰德斯基家族的战争。代表教皇提出要求的,是红衣主教马泰奥·阿夸斯帕塔(Matteo d'Acquasparta):他是教皇特使,也是包括托斯卡纳在内的众多意大利大区的"和平使者";早在一年之前,他就被授予了佛罗伦萨的司法权(参 Compagni, I XXI 108,以及 Cappi 的注释,2013)。1301 年 6 月 19 日,百人团全体大会、百人团特别委员会以及行会首领们召开会议,随后,百人团再次召开会议,讨论并决议"根据红衣主教马泰奥的提案,派出百名士兵援助教皇"(*CDD* 83,84)。在两次会议上,"但丁·阿利吉耶里都反对援助教皇"。到了投票环节,百人团会议以 49 票赞成,32 票反对的结果通过了武力援助教皇的提案;反对票比例如此之高,体现了一个严重的政治冲突:我无法确定,百人团会议的这个投票结果仅意味着黑派的胜利,还是也反映了白派不情愿的退让。但在这一天,为了捍卫佛罗伦萨的独立,但丁坚持反对教皇,这一举动在实际上使他与教廷彻底分道扬镳;后来,他也因此被控有亲吉伯林派的倾向。同年 8 月,"卡洛·第·瓦卢瓦阁下到达博洛尼亚时,佛罗伦萨黑派的使者们前往拜访,说了下面这些话:阁下,上帝保佑!我们是佛罗伦萨的圭尔夫派,对法国王室忠心耿耿;看在上帝的份儿上,请你和你的部下保卫我们的城市，因为她正在吉伯林派的控制之下"（Compagni，II III 5）。

佛罗伦萨执政团寻求加强自身力量。9月28日，百人团会议讨论了各种各样的提案，以增加执政官、旗手以及行政长官的财政资源与权力；此外，"行政长官全权处理所有造成了流血事件的武装冲突与罪行，直到12月"（*CDD* 88）。阿尔比佐·科比内利表示赞成，"但丁·阿利吉耶里也表示赞成"（百人团会议通过了这些提案）。另一方面，执政团派出特使与卜尼法斯进行最后的交涉，以挽回危局，但丁是这个特使团的一员。在他身上，我们看到了捍卫城市自主权的坚决，独立于党派斗争之外的声誉和过人的口才。薄伽丘认为，诗人是特使团团长："商讨特使团该由谁负责时，大家一致推举但丁。对此，但丁的回应是：如果我去了，谁留下来？如果我留下来，谁去？"（*Tratt.* 166）关于《神曲》中罗马的见闻——例如圣彼得的皮娜（*If* 31.59），或圣天使堡与焦拉达诺山之间的那座桥——并不一定是前一年禧年朝圣之旅的成果，而可能来源于这次出使的经历。

特使们于10月的最后一周到达罗马（Cappi，2013，p. 215）。

> 教皇在房间里单独接待了他们，对他们秘密地

说：你们为何如此固执？臣服于我吧。实话说，除了你们的和平，我别无所求。请你们中的两人回去，如果他们按照我的意愿行事，我会祝福他们。（Compagni，II IV 11）

68　　特使玛索·米内尔贝蒂与科拉佐·达·锡尼亚在11月初回到了佛罗伦萨。自10月15日起，由"软弱和平之人"组成的执政团开始统治佛罗伦萨。尽管迪诺·孔帕尼本人就是成员之一，他在追溯往昔时仍对这任执政团进行了无情的批判。11月4日，在圭尔夫派、行会及执政官的一致同意下，卡洛·第·瓦卢瓦携1200名骑兵进入了佛罗伦萨。黑派利用政府的顺服，尤其是白派的优柔寡断，迅速武装起来。被流放的科尔索·多纳蒂回到了佛罗伦萨。11月8日，使用武力罢免了现行执政团后，一个新的执政团正式上任，其中的成员是"他们那一派里最坏也最有权力的人"。随之而来的是暴力、劫掠、逃离，以及最终的判罪。恰科在1300年3月25日（或4月8日）说出他的预言："然后，这一方［切尔基派］在三年之内／就会失败，而另一方，借着那个目前正持骑墙态度的人的力量，将处于上风。／他们将长期趾高气扬，／把另一派重重地踩在脚下。"（*If* 6.67-71）那个"持骑墙态度"（testé piaggia）、"谄媚"并假装好心的人，正是教皇卜尼法斯。"三年之内"

（in fra tre soli）的意思只能是"在三年的时间之内"或"从今起的第三年"，根据预言，白派将在镇压的最终时刻，即黑派正式给新政权的敌人定罪的那一刻，彻底垮台。而正是在1302年4月5日与5月3日，白派遭到最沉重的打击：维耶里·德·切尔基、马内托·斯卡利及其他主要人物被判斩首。

13　流放（1302）

孔帕尼认为，在佛罗伦萨遭受打击与暴力的那几日，但丁身在罗马。他的说法比起下面这段薄伽丘晚年混乱的叙述，要可靠得多。

> 到了揭晓命运的时刻。半真半假的谣言称，但丁的敌对方由于精心策划，加上大批武装平民的加入，实力大增。这令但丁一派的领导者们惊慌不已、手足无措，他们一心**只想着安全地逃离；因此，与他们在一起的但丁，也被迫放弃了他在城市中的统治地位。他发现自己不仅被贬为平民，还被驱逐出境**。之后不久，人们将流放者的房屋洗劫一空。随后，胜利者们按照自己的意愿重组了城市，将对方的主要人物以共和国敌人的名义永久流放。但丁作为白派里地位最重要的人物，也被永远驱逐出境。他们的所有财产都或

13 流放（1302）

被政府收缴，或被胜利者们收入囊中。(Boccaccio, *Tratt.* 66) ❶

第一次判决时，但丁已安全地离开了佛罗伦萨。1302年1月27日（*CDD* 90 与 Campanelli, 2006, pp. 224-8；14世纪抄本），行政长官坎特·加布里埃利·达·古比奥判罚：

> 波尔格教区的帕尔米耶罗·阿尔托维蒂阁下、圣皮耶罗大殿教区的但丁·阿利吉耶里、奥特拉尔诺教区的里波·第·贝卡与大教堂门教区的奥兰杜丘·奥兰迪；我们的公职人员与法庭对传闻进行了严格的调查，我们获悉，上述几位中的一些人，或所有人，或在担任执政官时，或在卸任后，盗用公款、勒索财物，为自己或他人牟利；其中的一些人，或所有人，收受财物、操控新的执政官与旗手的选举；他们窃取，或授意他人窃取、盗用佛罗伦萨的公共财产，他们或用言语与行动反对教皇与卡洛阁下，以抵制后者进入佛罗伦萨，或与城市的和平、圭尔夫派的和睦作对。帕尔米耶罗、但丁、里波与奥兰杜丘这四人是自食其果。

---

❶ 也请参《详论但丁神曲》VIII 4-5："安德里亚·波吉（参第21章）……声称……佛罗伦萨的维耶里（德·切尔基）阁下与他的许多追随者一起出发了，于是他本人（但丁）也离开了。"

他们被判每人缴纳五千里拉小弗罗林币的罚款，用于归还不义之财；如果他们在三日之内没有上缴罚款，财产就将充公或被毁；如果他们按时缴纳，则还需要接受为期两年的流放处罚；此外，他们终身不得担任公职，也不得享有公共封地。3月10日（*CDD* 91；14世纪抄本），行政长官得到确切消息：包括**但丁·阿利吉耶里**在内的15名被判罚的人既没有缴纳罚款，也没有出席庭审；因此，行政长官宣判"以上提及之人，一旦落入共和国政府手中，将被火烧死"。

在注释这些判决，并将历史背景扩展到但丁个人境况之外的过程中，坎帕内利（Campanelli）与米拉尼（Milani）指出了一种相对较新的控诉模式：这种模式一方面严厉指控政府行为中的堕落腐化（"其中的一些人，或所有人，收受财物、操控新的执政官与旗手的选举"），另一方面将罪行上升到政治层面："他们或……反对教皇与卡洛阁下，以抵制后者进入佛罗伦萨，或与城市的和平、圭尔夫派的和睦作对"。"对1268年的流放者而言，只要给他们扣上吉伯林派的帽子就够了；而1302年的白派从未被当成是一个正儿八经的反对派，但……他们被描述成腐败的政客，制造冲突的人或普通的罪犯。"（Campanelli，2006，p. 189）这些事实对探究"**无辜的流放者**"（exul inmeritus）这一用语完整的含义而言非常重要：但丁在1305/1306—

13 流放（1302）

1311年的几封书信（Ⅲ，Ⅴ，Ⅵ，Ⅶ）中都署名"无辜的流放者"。

到1301年，但丁与杰玛的孩子们已经出生：乔凡尼（参第20章）、彼埃特罗（于1364年去世）、雅各布（在1348年去世？）和安东尼娅（Antonia，她在1332年时还在家中：*CDD* 153；1350年，她在拉文纳成为修女：*CDD* 196）。一项1302年6月9日的法令（Barbi, 1941, p. 356）将流放者年满14岁的儿子与妻子也一并驱逐出佛罗伦萨城及其所在区域。但薄伽丘认为，杰玛并没有被强制驱逐（*Tratt.* 72-73）：她的娘家可能为她提供了庇护，更何况她还有年幼的孩子。卡恰圭达的话也的确暗示，这是一次痛苦的分离："你将离开 / 你最珍惜的一切"（*Pd* 17.55-56）；《地狱篇》中奥德修斯的话也间接地暗示了这一点："对儿子的慈爱……会使佩涅洛佩喜悦的 / 应有的恩爱都不能……"*（*If* 26.94-96）

---

* 奥德修斯抛下妻子与儿子，离开家乡。这一点与但丁的处境相似。

14 白派流亡者联盟(1302—1303)

自 1301 年 10 月随政府特使的队伍从广场门(Porta di Piazza)❶离开之后,但丁就再也没能踏上故土。从那以后,在诗人笔下,祖国**佛罗伦萨**是孩童时"美好的故乡"和罗马美丽的女儿,但也是"孕育狠毒与阴险的子宫"(*Ep.* Ⅶ 7)与"撒旦的杰作"(*Pd* 9.127)。没有任何批评方式——无论是历时分析(diacronica)还是辩证分析(dialettica)——能够合理地解释这一意象上巨大的反差。这位"普通"的公民,这位圭尔夫派的后代,以佛罗伦萨自由的名义反抗"新法利赛人(nuovi farisei)之王"*(*If* 27.85),与科尔索·多纳蒂的狂怒作斗争;他因种种原

---

❶ 位于现今圣费利切广场(piazza San Felice)附近,"通向锡耶纳的路从这里开始"(Villani)。

* 指教皇卜尼法斯。"新法利赛人"泛指卑劣的宗教人士,他们就如同《圣经》中陷害耶稣的法利赛人一样。

14 白派流亡者联盟（1302—1303）

因被迫与白派、老吉伯林派人士一同流亡。布鲁尼对流放初期诸事的讲述最为可信：

> 当但丁获悉自己的不幸*时，他马上离开了罗马……他匆忙上路，来到了**锡耶纳**。在这里……他决定加入其他流放者的队伍，并首先参加了他们在**加尔贡萨**（Gargonsa）的会议；这次会议讨论了许多问题，包括将组织的总部设在**阿雷佐**：他们将在那里建立一个大型营地，由亚历山大·达·罗梅纳伯爵主事，同时，他们还任命了 12 位参谋（consiglieri），但丁是其中之一。（Bruni, *Vita*, p. 546）

吉伯林派的帕齐与乌伯尔蒂尼（Ubertini）针对瓦尔达诺高地（Valdarno superiore）黑派人士的武装行动始于 1302 年 1 月（Campanelli, 2006, p. 194）。2 月，流亡者们在加尔贡萨（位于锡耶纳与阿雷佐之间）举办了会议，彼时但丁正处在两次判罪之间。随后，"白派前往阿雷佐，那里的行政长官是乌古乔尼·德拉·法焦拉"（Compagni, II XXVIII 131）。

如布鲁尼所述，白派正式成立了一个名为"佛罗伦

---

* 指流放的判决。

萨白派流亡者联盟"的组织,旨在令城外的"公民"拥有合法地位,并与"城内"的白派有所区别(参 *Ep.* Ⅵ 的议定书)。一份特殊的文献证实了但丁在这个组织中的角色:1302年6月8日,于圣戈登佐的教区教堂内,包括"维耶里·德·切尔基……但丁·阿利吉耶里……贝蒂诺·德·帕齐……拉波·德·乌伯尔蒂"在内的18位白派与吉伯林派代表以公证书的形式担保,将补偿乌巴尔迪尼家族为"保卫蒙塔西亚尼科城堡及其他防御工事"遭受的一切损失。❶ 在这份文献中,我们看到了拉波·德·乌伯尔蒂的名字,他是法利纳塔的孙子❷:他的出现为《神曲》中提到乌伯尔蒂家族的片段增加了私人情感背景(*If* 10.94:"唉!但愿你的**后代**[vostra semanza]得到安息")。毫无疑问,与吉伯林派流放者的协议令同为"圭尔夫派"的黑白两派之间的隔阂进一步加深;圭多·奥兰迪写道:"白派变成了煤灰的颜色……他们属圭尔夫派,现在成了吉伯林派;/从今往后,他们将以造反者的名义生活,/如乌伯尔蒂家族一样,是国家的敌人。"(Pollidori, 1995,

---

❶ 圣戈登佐的教堂位于佛罗伦萨亚平宁山脉间,靠近罗马涅阿大区的边界(可以说是战争的后方);蒙塔西亚尼科城堡属于乌巴尔迪尼家族,位于穆杰洛,距离佛罗伦萨更近。因此,在1306年被黑派摧毁。后来,黑派在城堡附近建起了斯卡尔佩里亚的防御工事。
❷ Cappi(2013, p. 317);其他学者认为他是法利纳塔的儿子。

14 白派流亡者联盟(1302—1303)

pp. 188-9)

几次意外的胜利后,"从9月开始,白派与吉伯林派的军事运势开始走下坡路:他们先后在穆杰洛的蒙塔古托、蒙塔里亚利与格雷韦山谷的蒙塔古托失利"(Campanelli, 2006, p. 201)。我们无从得知但丁是否亲自参战:他的名字不在因"作为敌方的武装骑兵和步兵……在佛罗伦萨的城郊及所属区域战斗"而获罪的人之列(1302年7月之前)。

到了秋天(?),"乌古乔尼·德拉·法焦拉……徒劳地希望教皇卜尼法斯将自己的一个儿子升为红衣主教。因此,他按照教皇的请求,大肆迫害他们(逃到阿雷佐的白派人士)。于是,流亡者们一致决定离开,其中大部分人前往弗利(Forlì)"(Compagni, Ⅱ XXVIII 131)。8月,这些白派人士投入吉伯林派的斯卡尔佩塔·德·欧得拉菲麾下。白派的第一任首领亚历山大·达·罗梅纳去世后("他曾是我的领袖",但丁在给亚历山大的亲属欧贝尔托与圭多·第·安吉诺尔夫的吊唁信中这样写道),"白派人士任命斯卡尔佩塔·德·欧得拉菲为他们的首领"(Compagni, Ⅱ XXX 141)。比翁多·弗拉维奥(Biondo Flavio)在他的《历史》(*Historie*)中,根据弗利的书记官佩莱格里诺·卡尔维的杂录本(zibaldone)或编年记载(cronaca),讲述了但丁在这一时期的活动:

但丁的生平

作为远离佛罗伦萨的流亡白派的一员,但丁前往弗利,那里已经聚集了许多其他白派人士。弗利人佩莱格里诺·卡尔维是斯卡尔佩塔的书记官,在他残存的记录中,但丁的名字频繁出现:这个但丁**与他合作,一起记录各种事件**。❶ 根据这些记录,我们知道,上述这些人计划前往穆杰洛与蒙塔西亚尼科城堡,然后再去佛罗伦萨。(见 Barbi,1934,pp. 189-90)

但丁确有可能曾在斯卡尔佩塔的官邸协助准备穆杰洛的战役,这场战役惨败于 1303 年 3 月 8 日至 13 日之间:

> 在富尔奇耶利·达·卡尔沃里担任佛罗伦萨的行政长官期间,白派任命斯卡尔佩塔·德·欧得拉菲为他们的首领……他们在他的领导下武装起来,一起前往普利恰诺,那里离圣劳伦佐的波尔格很近……富尔奇耶利带着少量骑兵也往那里去了……白派以为己方被围攻,纷纷乱了阵脚;那些没能及时逃跑的,被附近的村民……抓住,杀死了许多。斯卡尔佩塔与其他的领袖则逃往蒙塔西亚尼科城堡。(Compagni,Ⅱ XXX 141-3)

---

❶ "这一插入语并不非常明确"(Campana);大意是卡尔维在自己的记录中誊抄了但丁所写的文件。

14 白派流亡者联盟（1302—1303）

《炼狱篇》中的富尔奇耶利是一个嗜血成性的怪物，是屠杀佛罗伦萨人的刽子手（14.58-66）。但丁的这一描述，与其说是因为普利恰诺之战，不如说是因为富尔奇耶利对留在佛罗伦萨城内的白派（或他认为的白派）进行的残酷镇压（Villani，*Cron.*，IX LIX）。

15 维罗纳（1303—1304）

但丁在《论俗语》中也表达了对欧得拉菲的敬意。他写道，弗利人的"**国家**"（civitas）"虽然非常年轻，但仍被视作整个地区的中心"（Ⅰ ⅩⅣ 3；参 Tavoni，2011，p. 1295）。然而，这并不影响诗人在 1303 年 3 月的军事行动之前脱离白派。6 月 18 日，在博洛尼亚，斯卡尔佩塔·德·欧得拉菲与 131 位白派代表（其中包括了帕尔米耶里·阿尔托维蒂、拉波·德·乌伯尔蒂与托里贾诺·德·切尔基，但维耶里不在其列）以"联盟"的名义向弗朗西斯科·古阿斯塔维兰尼借款 450 里拉（Orioli，1896）。但丁的名字不在其中，这可与其他证明了诗人彼时身处维罗纳巴托洛梅奥·德拉·斯卡拉（Bartolomeo della Scala）宫廷的线索结合起来看。雅各莫·德拉·兰纳*与彼

---

* 雅各莫·德拉·兰纳（Iacomo della Lana）祖籍佛罗伦萨，是第一位评注了整部《神曲》的注释家（1324—1328）。

埃特罗·阿利吉耶里都认为,卡恰圭达在《天堂篇》17.70-71的预言指的就是巴托洛梅奥("你的第一个藏身之处和寄居之处/将是那位好客慷慨的伦巴第人的宫廷,/他的家族徽章上有一只神鸟停在梯子上")。比翁多(参上文74页[边码])虽然混淆了巴托洛梅奥与坎格兰德·德拉·斯卡拉(Cangrande della Scala)兄弟二人,但也认为但丁彼时在维罗纳执行一项白派联盟的外交公务:"弗利人派**但丁率领特使团**向坎格兰德·德拉·斯卡拉求助……因此,后者决定派出骑兵和步兵。"比翁多甚至认为,特使团在穆杰洛之战失败前就已经到了维罗纳:但丁正是因为听到了战败的消息,才决定留在维罗纳,在斯卡拉的宫廷中静心学习思考。诗人在《论俗语》(II VI 7)中提到,维罗纳的朋友们在谈话间,"恳切友好地建议"他阅读李维、普林尼与弗朗提努斯;毫无疑问,卡皮托拉雷图书馆[*]里恰好藏有这些彼时罕见的文本(Tavoni,2011,pp. 1453-5):尽管在但丁的作品中,这三位作者几乎无迹可寻(Billanovich,1981,p. 55)。

我们无从知晓本韦努托·达·伊莫拉(Benvenuto da Imola)在注释《炼狱篇》11.94-96时讲述的逸事是否可

---

[*] 卡皮托拉雷图书馆(Biblioteca Capitolare)位于维罗纳,是意大利最古老的图书馆之一,以大量收藏教会书籍闻名。

信:"有一次,乔托在帕多瓦的一个礼拜堂作画,那里曾经是一个剧院或角斗场。当时乔托还很年轻。但丁来到礼拜堂,乔托热情地接待了他,并把他带回家中。"斯克罗威尼礼拜堂(即上述礼拜堂)的壁画在1304年3月1日前就已经完成(Frugoni,2005,p. 10)。1303—1304年的秋冬之际,面对共同的敌人威尼斯,维罗纳与帕多瓦之间保持着友好的关系:1303年4月28日,维罗纳领主巴托洛梅奥迎娶帕多瓦贵族女子阿涅塞,她是维塔利亚诺·德·登特与贝亚特丽切·斯科罗威尼的女儿。若非巴托洛梅奥的缘故,一个著名的白派流放者不太可能投入"安忒诺人"(antenòri)[*]的怀抱中(*Pg* 5.75)。无论如何,诗人对帕多瓦圭尔夫派的仇恨,以及对斯科罗威尼家族和德·登特家族指名道姓的厌恶,都可以在《地狱篇》中找到明确的证据(*If* 17.64-70)。

---

* 即帕多瓦人。因为他们神秘的祖先安忒诺耳(Antenore),帕多瓦人在此被称为安忒诺人(参 *If* 32.88)。

16 疯狂而不敬的同伴（1304）

1303年10月11日，卜尼法斯八世的亡故似乎导致了政治局势的重大变化。"世界焕然一新。"（Compagni，Ⅲ Ⅱ）就在教皇去世之前几天，教廷与法兰西王国之间的危机达到了顶峰：9月7日，卜尼法斯与他的追随者在阿纳尼遭到了夏拉·科隆纳与古列尔莫·第·诺加雷特的袭击。而于10月22日当选的新教皇本笃十一世（Benedetto Ⅺ）比他的前任更倾向于对法兰西妥协，并且，就托斯卡纳而言，他对圭尔夫黑派也没有什么义务。❶新教皇任命尼科洛·达·普拉托（Niccolò da Prato）为红衣主教，并于1304年1月31日派他作为"和平使者"前往托斯卡纳。

---

❶ 自1303年11月8日起，切尔基家族开始在经营教廷金库方面占优势。虽然参与经营的是未卷入1301年危机的切尔基家族"加尔博"（del Garbo［佛罗伦萨路名。——中译者注］）分支，但教皇的选择也强调了他调和圭尔夫派的意志（Arias，1901）。

编年史学家们认为，这位红衣主教是"吉伯林派的后裔"，但这也许只是他们根据他的所作所为推论出来的（Cappi，2013，p. 302）。3月2日，尼科洛抵达佛罗伦萨；15天之后，他获得了为期两个月的特权，用于订立"和约"。实际上，这一"和约"由不同家族之间的各种"小和约"组成，旨在达成一项允许流放者返回城市的政治协议。

在这种形势下，但丁重新恢复了与"白派联盟"的联系，并回到了托斯卡纳。3月7日，巴托洛梅奥·德拉·斯卡拉去世，他的兄弟阿尔博伊诺（Alboino）继承了领主之位。《飨宴》证实了这位新领主与诗人之间恶劣的关系："那些认为'高贵'这个词意味着'被众人所知'的人简直是疯了……这是无比错误的，就好比说……阿尔博伊诺·德拉·斯卡拉比圭多还要高贵……这是极其错误的"（*Cv* IV XVI 6）。因此，在巴托洛梅奥去世之时，诗人应该离开了维罗纳。

4月，"白派联盟"委托但丁起草一份文件，以表明联盟服从"和平使者"的态度（*Ep.* I, *Preceptis salutaribus*）。这封书信代表了"佛罗伦萨白派流亡者联盟的首领，吉伯林派安吉诺尔夫·达·罗梅纳"。关于这封信的写作日期，我们应该注意信中展示出来的对迟迟没有回复尼科洛的歉意：

> 如果您认为我们粗心大意、怠惰，犯下了拖延的

16 疯狂而不敬的同伴（1304）

错误，请您在评判之前，再好好考虑一下；由于我们联盟的根基就是对忠诚的尊重，若我们因迟迟没有回信而受到批评，我们恳请慷慨大度的您，仁慈地宽恕我们。

可以想象，流放者及其盟友之间的交流不仅会因后勤原因而延迟，甚至常常难以实现。无论如何，4月26日，两方都首次做出了和解的姿态："在新圣母大殿，佛罗伦萨城外的首领与城内的首领们互相亲吻"（*Cronaca Marciana*, in Cappi, 2013，参对 Compagni, Ⅲ Ⅳ 19 的注解）。5月13日，在阿雷佐重新对白派敞开大门约一年之际，弗朗西斯科·阿利吉耶里在那里借了一笔12弗罗林金币的钱款；弗朗西斯科在佛罗伦萨衣食无忧，生活安宁，因此，这笔借款应该是为了帮助流亡的哥哥但丁：这一事件可以间接地证明但丁当时身在托斯卡纳。6月初，包括拉波·德·乌伯尔蒂在内的流放者代表团一行12人（全是贵族），在佛罗伦萨受到接见："但黑派并不渴望和平。"（Compagni, Ⅲ Ⅶ 36）代表团担忧自身的安全，于6月8日离开了城市。次日，红衣主教尼科洛也因遭到威胁，离开了佛罗伦萨，并以禁止城中的宗教活动作为惩罚。10日，一些白派家族的房屋遭人纵火摧毁，火势还蔓延至城市中心："卡瓦尔坎蒂家族在那一天失去了他们的所有心血。"

（Compagni，III VIII 44）最终，教皇于7月7日去世。

因此，流放者们在这种情况下重新选择武装对抗，既合情也合理。然而，这一选择导致了但丁与白派的彻底决裂。除了之前提到过的分歧与不信任的深层次原因，这个决定可能还基于诗人对战斗实力的现实判断。《奥提姆注释》*（*Pd* 17.62）可以证明这一点：

> 他反对被逐出佛罗伦萨，且处于战争状态的白派在冬季结交同盟，并解释了这一行为徒劳无益的原因：当夏季来临时，冬季结交的盟友将不见踪影。这使他们对但丁充满了仇恨与愤怒；于是他离开了他们。

但丁很可能已经提醒过他的同伴们，不要在冬天，而应在有利于战争的季节（夏季）寻求盟友的帮助；因为到了夏季，这些冬季"盟友"会否认他们曾许诺的支援。但白派却认为诗人的建议出于恶意。这一简短的叙述并不适用于1304年发生的事件，因为那一年的冬天白派没有在不适合出战的季节垂死挣扎，而是服从了和平使者尼科洛的指

---

* 《奥提姆注释》（*Ottimo Commento*）成书于14世纪上半叶，作者不详。这是佛罗伦萨第一部对《神曲》全文的注释，注释家对但丁本人以及彼时的佛罗伦萨语言非常熟悉。

16 疯狂而不敬的同伴（1304）

令。根据叙述中的用词（夏季……冬季），可以猜想，这里暗示的是麦格纳多·达·苏西纳纳："小狮子［……］从夏到冬就转变阵营。"(*If* 27.50-51)*但麦格纳多在1302年8月27日就去世了，他与白派流放者也毫无关联。而1303年夏天，白派军队确实因"背叛者"（Compagni，Ⅱ XXXⅢ 156）没有出手相助，在瓦尔达诺高地输给了拉泰里纳：乌古乔尼·德拉·法焦拉似乎是这些叛徒之一。❶

除此之外，《神曲》对诗人这一时期生平的记录相当明确。但丁与白派在一场血淋淋的战败前夕决裂："你将与这些邪恶又蠢笨的同伴／一起跌入深渊／［……］他们忘恩负义，全然疯狂，全然不敬，／他们将与你为敌；但不久之后，／是他们，而不是你，将满面通红。"**(*Pd* 17.62-66)法

---

* 麦格纳多·达·苏西纳纳的家族徽章是白底蓝狮，因此但丁用"小狮子"来指代他。他的家族属吉伯林派。古代注释家认为，"从夏到冬转变阵营"指的是他在罗马涅阿是吉伯林派，到了托斯卡纳则成了圭尔夫派：夏天指托斯卡纳（偏南），冬天指罗马涅阿（偏北）。然而现代学者则倾向于认为，"冬夏"只是一种修辞手法，指麦格纳多根据利益改变阵营（Inglese，2016，p. 322）。

❶ 1303年春天，阿雷佐重新成为白派－吉伯林派联盟成员；在拉泰里纳一战失败后，乌古乔尼"因一些可疑的行为"（Compagni，ⅡXXXⅢ 157）被逐出执政团，他的位置由费德里科·达·蒙特费罗伯爵取而代之。

** 一些现代学者认为，"满面通红"指他们染上了同伴的鲜血，暗示那场即将到来的血淋淋的战败（Inglese）；也有学者认为，"满面通红"是因为他们的羞愧之情（Hollander）。

利纳塔的预言证实了上述这场战败即是拉斯特拉之战*，因为他的预言指出了一个非常具体的时期：1300 年 3 月之后 50 个月（*If* 10.79），即 1304 年 5 月（或 3 月，如果严格计算月亮转 50 圈所需时间的话）。正是在这段时间**，但丁真正意识到返乡之路是多么艰难。早在与布鲁内托·拉蒂尼相遇时，诗人就已经表达了对同伴的憎恶："两个阵营都想将你生吞活剥：/ 但青草必须远离山羊之口。"（*If* 15.71-72；恰科、法利纳塔与布鲁内托"预言"的事件完美地遵循了现实中的时间顺序）

---

*　1304 年 6 月 20 日，在佛罗伦萨附近的拉斯特拉（Lastra），试图返回佛罗伦萨的白派遭到了黑派的沉重打击。这场血战以白派的失败告终。

**　指各派间暂时的和平。1304 年 4 月 28 日，本笃十一世宣布将调停各派，但这一努力在 6 月 8 日宣告失败。

17 特雷维索(1304—1305？)。《论俗语》

1300—1304年的经历深刻地改变了但丁对古代、近代政治与历史的看法。旅行者但丁就蒙塔佩尔缇(Montaperti)"屠杀"对法利纳塔所言*,有意反映了阿利吉耶里家族与多纳蒂家族对意大利吉伯林派及其首领(1260年的法利纳塔)的普遍看法:他就像教会人士口中的西西里国王曼弗雷迪(Manfredi)一样,是野兽,是杀死自己的父亲腓特烈二世(Federico Ⅱ)的凶手,是耶稣基督恶毒的敌人。然而,反对卜尼法斯八世的斗争与这位教皇本身对世俗权

---

* "我对他说:'那场大破坏与大屠杀/将阿尔比亚染红,/由此我们开始祈祷。'"(*If* 10,85-87)法利纳塔领导了这场针对圭尔夫派的大屠杀。"开始祈祷"是但丁的反讽之语,他的意思是,"自那之后,一有机会,我们便如祈祷一般,重复念叨法利纳塔的罪孽"(Inglese [a cura di], Dante Alighieri, *Commedia. Inferno*, Carocci, Roma, 2016,p. 151)。

力闻所未闻的追求（1302年《一圣通谕》敕令）*，以及无论是以佛罗伦萨为例（或乌戈利诺伯爵治下的比萨，或波图洛治下的卢卡）的小共和国式地方自治主义，还是费拉拉与里米尼的小领主式地方统治主义，最终的结果都令人无法接受——这些当下的现实还促使但丁对士瓦本君主（principi Svevi）**进行了全面的重新评价。《论俗语》(ⅠⅫ 4)是这样介绍他们的：

> 毫无疑问，那些光辉的英雄，腓特烈二世与他可敬的儿子曼弗雷迪，传播他们高贵、正直的精神，追求命运允诺的人道之事，唾弃一切兽行。因此，那些心灵高贵、品质优良的人都尽力靠近这些崇高与庄严的伟大君主，所以，在他们那个时代，最杰出的意大利人所创造的一切都诞生于这些君主的宫殿之中，都应归功于君主的光辉。

就诗人的赞美之词，只须阐明两点：首先，腓特烈

---

* 教皇卜尼法斯八世在这一敕令（Unam Sanctam）中强调：教会独一无二，它只有一位元首，世俗的权威必须服从教会精神的权威。
** 士瓦本家族是欧洲历史上的一个王室，最初为现时德国南部士瓦本（Svevia）的世袭伯爵与统治家族。腓特烈一世、亨利六世、腓特烈二世与曼弗雷迪都出自这个家族。

17 特雷维索（1304—1305？）。《论俗语》

二世与曼弗雷迪在但丁笔下是"**意大利君主**"（principes Italiae），这是至关重要的；在他们之后，"像日耳曼国王那样统一的宫廷（curia）*，在意大利并不存在"（Dve I XVIII 5）。《论俗语》并不讨论帝国这一主题。其次，但丁对腓特烈二世与曼弗雷迪的重新评价，认为他们是"英雄"，并不带有"吉伯林主义"的色彩；相反，对这两位君主的重新评价体现了诗人对当代两"派"统治者的激烈批判：

> 可耻，可耻啊！如果不是为了召唤集结"刽子手、骗子和贪婪的追随者"，费德里科（费德里科·第·阿拉贡，西西里国王）、第二卡洛（卡洛·安茹二世，那不勒斯国王）、乔凡尼（乔凡尼·第·蒙菲拉托）与亚佐（亚佐·埃斯特）这些位高权重的侯爵，以及其他大人物，如今为何吹响战争的号角？（Dve I XII 5）

对但丁个人而言，与白派分道扬镳甚至比被流放更沉重：若"白派联盟"算是某种墙外之"城"，那么直到现在，诗人才真正被逐出了他的城市。唯有此刻，他才被迫以全新的视角面对一切；这一视角逐渐发展成"乌托邦式

---

* 但丁《论俗语》中的"curia"指君主（统治者）及其大臣（幕僚）组成的统治集团，在此译作"宫廷"；而"aula"指君主的居所，因此译作"宫殿"。

的"对世界帝国的展望。直到此时,但丁才彻底与原生小地主社会阶层决裂:军人这一职业已排除在外,并且出于不同的原因,他也无法成为行政长官或大学教师;诗人能做的,只有作为自由职业写手(dictamen),为波河平原地区与亚平宁地区的中小领主们服务,再附加处理一些政治与外交方面的事务。

但丁始终怀着回到祖国的希望,但如今这一切都寄托在他哲人-诗人的声望与作品上:尤其是《论俗语》和《飨宴》。

根据《论俗语》的文本,这部作品应写于但丁被流放之后;但根据诗人自己的表述(他的语气似乎更符合一个放弃了与佛罗伦萨政府武装对抗这一想法的人),直到1304年夏天之后,他才着手写作:"然而,对我们这些人而言,世界就是祖国,正如大海之于鱼儿;尽管我们在断奶之前,就饮阿诺河(Arno)*之水,尽管我们如此热爱佛罗伦萨,还是不公地忍受着流放。"(Ⅰ Ⅵ 3)由于在诗人笔下,乔凡尼·第·蒙菲拉托尚在人世,那么作品完成的时间应不晚于1305年2月;当然,但丁也许没能及时得到这位君主去世的消息,或他在1305年2月知道了消息之后,没有回头修改提到这位君主的段落,而是继续往下写

---

* 托斯卡纳地区的重要河流,穿过佛罗伦萨。

17 特雷维索(1304—1305?)、《论俗语》

作(诗人最终并没有完成《论俗语》),但我们没有证据可以支持这一假设。

包括最近的米尔科·塔沃尼(Mirko Tavoni)在内,许多学者都指出《论俗语》对博洛尼亚及城中诗人的特别关注(Ⅰ Ⅸ 4,XV 2-6)。因此,有学者认为,这部作品写于博洛尼亚,或至少"为"博洛尼亚而写——也就是说,如果作品首先在这座著名的大学城"出版",就能更好地在整个意大利传播(参 Fenzi,2012,pp. XXIII - XXIV)。这个"为"博洛尼亚而写的假设更为可信。在 1306 年 2 月建立与佛罗伦萨结盟的黑派政权之前,博洛尼亚一直都是白派流亡者的避难地。然而,正如上文所述,拉斯特拉之战后,白黑两派都想"吞食"但丁。当时,诗人脱离了白派,孤身一人(于 6 月?)离开托斯卡纳。若他在获得远离波河地区的更安全的庇护居所之前,曾在博洛尼亚停留,那也应该只是一次短暂的逗留。

按照卡恰圭达的预言字面上的时间顺序,诗人在"自成一派"(*Pd* 17.69)后,似乎于维罗纳找到了"寄居之处"(17.70),但这个极其慷慨的"伟大的伦巴第人"的形象与上文提到的阿尔博伊诺不符。排除了维罗纳后,在那个艰难而复杂的境况中,很可能是特雷维索(Treviso)"仁慈"的统治者格拉多·达·卡米诺(Gherardo da Camino)为但丁提供了庇护:《飨宴》(Ⅳ XIV 12)与《炼狱篇》(16.124-

140）提到这位领主的语调,都让人记起他的慷慨与好客。1303年,忠实的圭尔夫派、科尔索·多纳蒂的好友格拉多将特雷维索的统治者之位传给儿子里扎多,自己只保留了地区调解人(pacificatore)的职务。1304年10月,他与吉伯林派的阿尔博伊诺·德拉·斯卡拉和圭多·博纳克尔希一道,参与了帕多瓦和威尼斯之间的谈判,促使这两个城市达成协议。这一"和平使者"的姿态也可能使格拉多乐于为一位著名的佛罗伦萨流放者提供庇护:这位流放者早已"置身派系之外",正如他在脱离白派"好几个月"后,在以"三位淑女来到我心间"开头的诗歌中声明的那样。("[……]如果我曾犯下错误,/如果真心悔过能够弥补,/那么在这个错误得到弥补之后,太阳已经又转了好几个月";参Carpi,2013,p. 25)

在某个不确定的时刻,但丁可能曾从罗马涅阿或特雷维索前往威尼斯——假定对造船厂的描述(*If* 21.7-18)是他的"亲眼所见"(Petrocchi),而非只是出于想象。

18 奇诺·达·皮斯托亚

《论俗语》还记录了但丁身边的新"朋友"。《新生》时期,诗人唯一明确的友人只有圭多·卡瓦尔坎蒂。因哲学与政治观点上的分歧,他们自然而然地逐渐疏远彼此;最终,这份友谊随着圭多的去世彻底终结(参第12章)。1304年,或至少在《论俗语》写作时期,但丁以一个托斯卡纳诗人小团体成员的身份示人。这个小团体包括三位佛罗伦萨诗人和一位皮斯托亚诗人:三位尚在人世,一位已经故去。"尽管几乎所有的托斯卡纳人都因庸俗秽语(turpiloquio)哑了嗓子,我们认为还是有一些人认识到了俗语的杰出之处,他们是圭多(卡瓦尔坎蒂)、路波(Lupum)与另一个佛罗伦萨人,还有奇诺·达·皮斯托亚。把奇诺放在最后是不公平的,但我们有不得不这么做的理由,这个理由不可谓不公正。"(Ⅰ XIII 4)几乎所有的学者(包括塔沃尼)都认为手抄本中的"路波"(Lupum)

就是"拉波"(Lapum),即以"圭多,我希望你、拉波(Lapo)和我"开头的十四行诗中的"拉波",但我认为这一推论并不成立。名叫"路波"的佛罗伦萨诗人确实存在:他有两首流传下来的诗歌,收录在卡莱(Carrai)的《十三世纪托斯卡纳抒情诗》(1997, pp. 146-50)中;这位"路波"也可能就是与卡瓦尔坎蒂交流诗歌的拉波·德·乌伯尔蒂(以"圭多,当你说年轻的女牧人时"开头的十四行诗,参第9章)。还有另一种可能性,那就是另一位(同名同姓的)拉波·德·乌伯尔蒂,他在1302年曾与但丁有过交集(参第14章)。

除了几笔带过的路波,《论俗语》三次提及圭多(Ⅱ Ⅵ 6, Ⅻ 3, 8),五次谈到奇诺(Ⅰ Ⅸ 2, ⅩⅦ 3; Ⅱ Ⅱ 8, Ⅴ 4, Ⅵ 6)。此外,当但丁谈到自己时,总是委婉地自称为"奇诺的友人",尤其当他对比不同的罗曼俗语,发表具有挑战性和煽动性的言论时:"第三种[语言]为意大利人所使用,这种语言的优越性体现在这两点上:其一,使用这种俗语进行诗歌创作的最杰出的诗人们,都臣服于这种语言,就像奇诺·达·皮斯托亚与他的朋友。"(Ⅰ Ⅸ 2)

奇诺是皮斯托亚贵族,与但丁同龄。1292年,奇诺在博洛尼亚获得了法学学位,1297—1301年,他又回到这个城市定居。奇诺与佛罗伦萨诗人们的交往历时长久:在贝亚特丽切去世时,他曾给但丁写了一首以"希望我有更多的"(*Avegna che [io] aggia*)开头的十四行诗。在《论俗语》Ⅱ Ⅵ 6中,但丁还引用了这首诗。因被斥剽窃,奇诺还曾与圭多·卡瓦尔坎蒂发生过一次(玩笑式的?)冲突,为此,他写下了那首以"哪些是我从您那里夺走的东西?"(*Qua'son le cose vostre ch'i'vi tolgo?*)开头的十四行诗。奇诺是个黑派,但他与但丁的友谊超越了派系对立。也正因黑派的身份,他在1303年遭到流放,直到1306年都生活在普拉托与佛罗伦萨。孔帕尼(Ⅲ XIV - XV)记述了这一年黑派征服皮斯托亚的过程:黑派包围了城市,迫使人们因饥饿投降。在这场战斗中,人称"玛格拉河谷闪电"的莫罗埃隆·马拉斯皮纳起到了决定性作用。后来,但丁曾在这位马拉斯皮纳的宫廷做客,还在与奇诺的通信中提到了这位领主(参第20章)。

由于寄信人与收信人同处流放期,我们可以粗略地判断但丁书信三《热情迸发》(*Eructuavit incendium*)的写作时间。诗人在信的抬头写道:"不该被驱逐的佛罗伦萨人向皮斯托亚流放者致以问候,并献上炽热与长久的爱。"但丁应该随信附上了以"我曾与爱神同在"(*Io sono stato con Amore insieme*)开头的十四行诗:信与诗都证实了他关于爱情"卡瓦尔坎蒂式"的立场("在爱中,/自由意志从来都不是自由的,/因此,试图引导理智,只是徒劳而已")。这个立场与《新生》中的思想水火不容,更不用提《神曲》

了。但丁在诗中明确指出,这是他对贝亚特丽切的爱:"自九岁起,/我便与爱神同在。"书信中的论点("引起欲望的潜能,孕育了爱情,是一种感性[sensitiva]的潜能")恰恰与《论俗语》中提到的肉体与主题的三分法相似。这三分为:身体、爱情(与动物性的精神,即感性的灵魂[anima sensitiva]有关)及美德(理性的灵魂[anima razionale]所追求的要旨)。在同一章(*Dve* II II)中,但丁称奇诺是意大利人中至高的"**爱情**"(venus)歌者,而他的朋友(即但丁自己)则是"**美德**"(virtus)的歌者:"奇诺·达·皮斯托亚歌颂爱情,他的朋友歌颂正义。"(8)

19 《飨宴》

毫无疑问,《论俗语》与《飨宴》在写作时间与主题上都十分相近。但丁意在通过《飨宴》这部百科全书式的伟大著作,巩固自己哲学家-诗人的使命:他要向精神上的意大利贵族奉上伟大智者的知识宴席,"君主、男爵、骑士以及其他高贵[指精神上的高贵,正如书中第4卷明确提到的]的人,无论男女,他们中许多人只识俗语,不识拉丁语。"(*Cv* I IX 5)

《飨宴》也是但丁被逐出佛罗伦萨后的作品;但诗人有意(几近夸张地)强调这不公的流放期之长:

> 罗马那极美、极著名的女儿佛罗伦萨,她的公民决定将我逐出她温暖的怀抱——我在这怀中出生、成长,直到人生的顶峰[*],我全身心地渴望在她安宁的怀

---

* 但丁在1301年离开佛罗伦萨,1302年被正式判处流放,时年37岁。根据他在《飨宴》(IV XXIII 9)中的定义,30—40岁的阶段是"人生的顶峰"。

中休憩我那疲惫的灵魂,过完命运赋予我的岁月——,将我放逐至那些也说这种语言的地区,成为一个流浪者。我几乎一路乞讨着来到了流放之地。我违背自己的意愿,展示命运的创伤;我多次(因命运的创伤)被不公地怪罪,早已习惯了。我是一只无帆无舵的木船,被冰冷的风吹到不同的港口、河口与岩石边,痛苦的贫穷是这风的来源。(*Cv* Ⅰ Ⅲ 4-5)

值得注意的是,诗人在这些话中表露出对返乡的渴望。在此,但丁寻求和解的意愿更加明确,不似从前:他在《论俗语》(Ⅱ Ⅵ 4)中仍严厉地指责卡洛·瓦卢瓦是"托提拉*第二"。《飨宴》的第4卷(即最后一卷)则是在1306年格拉多·达·卡米诺去世之后完成的(*Cv* Ⅳ ⅩⅣ 12:"谁敢说格拉多·达·卡米诺是一个懦弱之人?谁不对我说那曾[essere stato]是一个高贵的人?")。而直到第4卷的第3章第6节(Ⅳ Ⅲ 6),但丁仍未获悉亨利七世当选皇帝(1308年11月27日)的消息。

《飨宴》第1卷中的一段话(*Cv* Ⅰ Ⅴ 9-10)看似可以帮助我们确定这两本书的写作时间顺序:

---

* 托提拉(Totila):东哥特人(Ostrogoti)的国王。他于546年和550年两次血洗罗马,导致罗马人口剧减。

因此，要我说，如果那些去世了一千年的人能回到他们的城市，他们会认为自己的城市被外国人占领了，因为语言变得不同。我将在一本关于俗语的书中（如果上帝允许，我有意写作这样一本书）详细讨论这个问题。

然而，由于《论俗语》在第2卷的四分之三处中断了，但丁说的"我有意写作"（intendo di fare）不能作为可靠的证据，证明《飨宴》第1卷（或按照某些学者的观点，前三卷）的写作时间早于《论俗语》。同样，《飨宴》中未曾提及"杰出的俗语"（volgare illustre）这一观点，但就其本身而言，这也不能在时间顺序的层面上证明什么：《飨宴》第1卷中关于"俗语"（volgare）的想法，实际上与《神曲》在语言上的选择息息相关，而《论俗语》中的学说则与此大相径庭。总而言之，我们应该承认，但丁动笔写作《飨宴》的时间是1304年（Barbi，1934-37，p. XIX）。这本书中引用了许多哲学著作，因此，至少其中某些阶段的工作，诗人只能在一些有足够藏书的城市完成（Fioravanti，2014，pp. 16-8）。

《飨宴》的伟大革新之处在于，作者在第4卷中充满热情地表示，世界帝国（或"**帝制**"［monarchia］）对全人类的福祉而言必不可少，并根据法律，属于罗马。不仅如此，但丁还认为，帝国的法律根据远远高于成文法，是上帝的意志。上帝决定了整个世界的历史，使得希伯来人与罗马人这两个神圣民族的历史都为耶稣降世以及人类与其创造者的和解做着准备。因此，需要将《圣经》这部或直白或隐晦地讲述了整个人类历史——从上帝创造亚当，直到最后的几日——的神圣著作中一些深刻的段落与维吉尔的诗篇一起阅读*，"当他化身上帝时，他说：对他们——即罗马人——而言，无论是事物还是时间，都没有终点；我给了他们永恒的帝国"（*Cv* IV IV 11）。

《飨宴》中关于皇帝权力的"离题之论"（IV VI 1）甚至没有触及皇帝与教皇关系的问题；换言之，当但丁断言帝国是由"那至高至紧密的三位一体"（V 3）交给罗马时，尚未明确指出，罗马皇帝的权力并不"通过上帝的代理人"，而是"直接来源于上帝"（*Mn* III I 5）这一《帝制论》中强调的观点。当然，我们必须相信，但丁在写作《飨宴》时，对这一点就已毫无疑义了：只是在他看来，在那个阶段还没有必要讨论这个充满争议的问题。从本笃十一世作古（1304年7月7日）到克莱蒙特五世（Clemente V）当选（1305年6月5日），教皇之位空缺了很久。此外，

---

* 但丁认为，《圣经》与维吉尔的《埃涅阿斯纪》（*Eneide*）分别描写了希伯来民族与罗马民族的历史。

克莱蒙特直到11月14日才在里昂加冕。这位教皇从未南下意大利，他上任后的最初几年忙着解决与法兰西王室的纷争——这一卜尼法斯留下的政治"遗产"。从这个角度来看，这位教皇甚至还对亨利七世的当选及其后来的意大利之行有所帮助，至少直到1310年年底。

20　卢尼贾纳与卢卡岁月（1306—1308）

　　1306年对《飨宴》的写作而言至关重要，我们可以利用10月6日两份非常关键的文献尝试追溯但丁在这一年的生活（*CDD* 98-9）：一份是"写于萨尔扎纳"的委托书，"弗兰切斯基诺·马拉斯皮纳委托但丁全权负责与卢尼地区的主教-伯爵安东尼奥·达·卡米拉签订休战协议"；另一份则"签署于短短几个小时之后，记录了分别由阿利吉耶里与卢尼教廷代表的马拉斯皮纳家族各派的最终和解"（Bertin，2005，pp. 1-2）。实际上，这一事件是马拉斯皮纳家族的内部冲突，因为安东尼奥主教是阿拉吉亚·菲斯基的堂兄（参 *Pg* 19.142），而阿拉吉亚是莫罗埃隆·马拉斯皮纳的妻子（参 *If* 24.145）。1306年10月6日签署的和约恢复了**家族**（domus）的团结统一，因此家族可以集中精力，争取与阿拉贡国王海梅二世（Giacomo Ⅱ）结为战略同盟：1308年11月2日，双方在卢卡起草了一份协议❶；1309年5月4日，双方在巴塞罗那正式签署了这份协议（参F. Ragone，*DBI*，67，pp. 770-1）。马拉斯皮纳家族的各分支都积极参与政治生活，但他们有着不同的倾向：弗兰切斯基诺是帝国的支持者（这一点将在1311—1312年表现得尤为明显），而莫罗埃隆则是佛罗伦萨黑派坚定的盟友。尽管如此，莫罗埃隆与但丁的关系似乎非常密切：除了私人的原因（这其中也许包括奇诺·达·皮斯托亚的"介绍"：Santagata，2012，p. 190），诗人在那几年为返回佛罗伦萨，也展示出了"平和"的态度。布鲁尼的记述证实了这一点（*Vita*，p. 546）：

> 但丁……离开阿雷佐（1304）前往维罗纳❷。在这里，他受到了斯卡拉家族的热情招待……他表现得十分谦虚，努力……争取当地统治者助他返回佛罗伦萨。他很努力地朝这个目标奋斗，多次给佛罗伦萨人写信，其中既有达官贵人，也有平头百姓。其中有一封长信，

---

❶ 在场的人员有：马拉斯皮纳家族一方的莫罗埃隆与科拉迪诺，他们也代表了弗兰切斯基诺；国王的使者福尔特·马丁内斯、皮尔·德·维拉拉斯与迪诺·西尔维斯特；此外，还有公证员乌巴尔杜·加尔贝（Salavert, 1956）。

❷ 此处布鲁尼采用了卡恰圭达预言字面上的时间顺序（参第17章）。

以"我的人民啊,我对你们做了什么?"(*Popule mee, quid feci tibi?*)开头……在但丁怀着这个希望时……亨利七世当选。

在这封现已佚失的书信中,但丁回忆起坎帕尔蒂诺之战,那是圭尔夫派的荣光时刻;此外,他还为自己辩解,否认黑派对他在1300年夏天偏袒白派流放者的指控(参第6章与第12章)。1306年12月,平民政权针对贵族"因战胜了白派和吉伯林派流放者"而获得了过度的"权力,变得极为傲慢"(Villani, *Cron.*, Ⅸ 87;Zingrelli, 1931, p. 474),进行了一系列的反抗行动。也很可能正是在这种氛围中,但丁写下了这封书信。

薄伽丘记录了但丁与莫罗埃隆之间的友谊(*Esp.* Ⅷ 11);根据梵蒂冈图书馆手稿(ms. Vat. Pal. 1729),但丁的书信四《未曾》(*Ne lateant*)就是写给"莫罗埃隆·马拉斯皮纳侯爵"的。当时还有另一个莫罗埃隆·马拉斯皮纳(第·维拉弗兰克),但由于《炼狱篇》(19.42)中赞颂的是前一个莫罗埃隆的妻子阿拉吉亚,我们可以认为,这封书信不是写给第·维拉弗兰克的。与之相反,奇诺·达·皮斯托亚在写给马拉斯皮纳侯爵的以"寻找金矿"(*Cercando di trovar minera in oro*)开头的十四行诗中,却没有提及莫罗埃隆的名字。"但丁以侯爵之名"写下了以

20 卢尼贾纳与卢卡岁月(1306—1308)

"您值得找到所有的宝藏"(*Degno fa voi trovare ogni tesoro*)开头的十四行诗,"作为对奇诺的回复"(15世纪手稿 ms. Laur. Redi 184 与 16 世纪手稿 ms. Vat. Chig. L. Ⅳ. 131 的题头红字部分;De Robertis,2002,vol. Ⅲ,p. 487)。

1306 年 10 月 6 日和平协议的序言(arenga)证明了但丁作为职业文书写手的能力(Bertin,2005);因此,这份协议也可以象征性地证明诗人在流放中从事的工作。除此之外,这一保存极为完整的文献还精确地回应了《神曲》中一个著名的段落:但丁与科拉迪诺·马拉斯皮纳在君主之谷相遇,这个幽魂称,七年之内(自 1300 年起),诗人将体验到"慷慨"(*Pg* 8.118-139)。而"慷慨"正是马拉斯皮纳家族闻名的品质。《神曲》赋予马拉斯皮纳家族极大的荣耀,唯有坎格兰德·德拉·斯卡拉可与之相提并论;这一点也证实了《神曲》中对当代人物与事件的暗示不仅仅取决于作者道德与意识形态上的爱好,还遵循着"结党连群的规则":否认这种规则的存在是一种无用的道德主义。

由于为马拉斯皮纳家族服务,但丁有充足的理由前往卢卡。一份 1308 年 10 月 21 日的公文(*CDD* App. Ⅱ 1)可以相当可靠地证明诗人的卢卡之旅的具体时间:这是一份"在……佛罗伦萨的但丁·阿利吉耶里之子乔凡尼的见证之下",由卢卡政府与佛罗伦萨商人签署的契约。虽然不能断言契约中的"但丁"就是我们的诗人,但由于没有其他可靠的选项,综合各种线索,可以认为这个乔凡尼就是诗人的儿子:据现有资料,他在但丁的子嗣中最为年长,去世时间不早于1314年。在这个问题上,乔凡尼的名字有一定的价值,因为但丁不愿根据家族传统为孩子取名,而选择使用极受尊敬的圣徒之名:在《天堂篇》中,三位向朝圣者提问的圣徒,正是彼埃特罗(即圣彼得)、雅各布与乔凡尼(即圣约翰)(Zingarelli, 1931, pp. 372-3)。在乔凡尼的陪伴下,但丁也可能在卢卡关注与阿拉贡人的谈判,谈判在10月初开始❶,并在1308年11月达成了前文提到的协议。

---

❶ 参阿拉贡王国代理人万尼·加塔雷利给海梅二世的书信,这封信被认为写于10月9日,卢卡(Salavert, 1956, vol. II, p. 354)。

21 "七曲"传说

根据一个可追溯至薄伽丘的传说,马拉斯皮纳家族治下的卢尼贾纳(Lunigiana)与《神曲》的诞生息息相关。

实际上,薄伽丘在他的《但丁传》中第一次提到《神曲》时,讲述的只是一个奇闻般的故事:"一日,在维罗纳,那时他的作品已家喻户晓,尤其是《神曲》中的《地狱篇》……"(113)在叙述诗人流放生涯的段落中,薄伽丘提到,但丁曾两次在维罗纳停留,一次是"第一次逃亡时"(显然受到了《天堂篇》17.70 的启发),另一次则是几年之后,但总之在亨利七世当选之前(参第 20 章)。因此,薄伽丘认为,《地狱篇》在皇帝当选之前便已"广为人知":得出这个结论后,根据他的讲述,但丁直接从托斯卡纳前往他最后的庇护之所——拉文纳。

在《但丁传》第 176 节中,薄伽丘认为,《神曲》这部作品的灵感来源于但丁的政治活动。人们犯下的错误使他产生了一个念头：写一首长诗进行道德教育，"对恶人处以最严厉的惩罚，赋予好人荣誉"。"经过深思熟虑，在35岁这一年，他开始将自己的想法付诸实践。"薄伽丘受到一种当时广泛流传的观点的影响，这种观点简单粗暴地认为，《神曲》中旅行开始的年份（1300）即是但丁开始创作的年份；不过，他的另一段补充说明非常重要：

> 他［但丁］全身心地投入那光荣的写作，才完成《地狱篇》的前七曲……就遭到了驱逐，或者应该说他被迫逃亡……因此，他抛弃了这部正在写作的作品，也放弃了一切所有……那些年，他四处投靠不同的友人与领主。（179）

一段时间后，有人在佛罗伦萨找到了这七曲诗歌的稿件，并交给了当时正在卢尼贾纳避难的但丁。

两个版本的《但丁传》以及《详论但丁神曲》都讲述了这个失而复得的故事。

> 某人❶在寻找自己需要的文稿时，在但丁上锁的箱

---

❶ 在第二版的《但丁传》中，薄伽丘明确指出这个"某人"是但丁的一位亲戚，这七曲诗歌是写在一个"小本子"上的。

21 "七曲"传说

子里发现了这些稿子:诗人(在逃亡之前)将自己的物品锁进箱子,再将箱子藏到教堂里,以防那些忘恩负义、无法无天的人冲进自己家中,将这些诗篇据为己有。这位找到但丁稿件的人,怀着敬仰之情读了这些诗歌,虽不知其来历,但由于他非常喜欢这些诗,便机智地将这些稿子从它们的藏身之处取出,交给了佛罗伦萨的迪诺·第·兰博图奇奥,这位阁下是当时城中著名的诗人。读罢这些诗歌,博学智慧的迪诺惊喜于这美丽、高贵而华丽的风格,也为这些雅致言辞下的深意而折服。基于这些特点以及发现这些诗歌的地点,迪诺与找到稿子的人都认为这是但丁的作品,后来的事实也的确证实了这一点。这两位都无法想象情节将如何发展,也不知道结局会是什么,他们为作品的不完整而感到遗憾。因此,他们决定找到但丁,把这些稿子寄给他,以便他在形势允许的情况下完成这部作品。经过一番调查,他们发现但丁在莫罗埃隆侯爵的宫廷里。于是,他们把自己的愿望写信告诉了侯爵,并将这七曲诗歌一并寄给了他,而不是但丁本人;这位智慧超群的侯爵读过诗歌后,给出了极高的评价;他马上给但丁看了这些稿子,问他是否知道作者是谁;但丁即刻认出了自己的作品,并照实回答了侯爵的问题。于是,侯爵恳求但丁完成这部作品,因为它的开头是如此伟大。"当然,"但丁说,"我以为这些诗歌与遗失的其他作品一起被毁掉了,因此,一方面因为这个想法,另一方面也因为流放生活中的诸多困难,我失去了开始写作这部作品时的想象力;然而,既然命运出乎意料地将这些诗歌再次放到我面前,也因为您对它们的欣赏,我会试着回忆最初的想法,在上帝的保佑下继续写作。"一段时间后,在重重艰难之下,但丁重获那遗失的想象力,他写道:"我继续叙述……";如果结合这部作品的其他部分仔细观察,能够明确地认出曾经中断之处。(*Tratt.* 180-182)

然而,五年之后,这座城市的政治环境与但丁被判罪时截然不同,变得温和了许多。据说,人们开始以不同的名目追索流放者被没收的财产,他们的诉求得到了回应,因此,但丁的妻子至少应拿回她的嫁妆。为了拿回应得的财产,她需要上交一些锁在箱子里的文书和文件——在那混乱的时期,她将一些重要的东西都锁进了箱子,把箱子藏了起来,一直没有取回。安德里亚(莱昂·波吉之子)称,她为了这件事,把他叫到跟前,因为他是但丁的外甥;她把箱子的钥匙交给他,让他与地方官员一道去取这些文件。根据安德里亚的说法,在地方官员寻找必需的文件时,他在

21 "七曲"传说

但丁的众多手稿中找到了许多十四行诗、抒情诗和其他类似的作品;但其中他最喜欢的是一个小本子,上面是但丁亲笔写下的前七曲诗歌。安德里亚带走了这个小本子,读了好几遍。尽管他并不能完全理解这些诗歌,但仍认为这是极美的作品。因此,为了更好地理解这部作品,他决定将这些诗歌带给城中有才能的人看看,这位当时非常有名的诗人是迪诺·第·兰博图奇奥;这位迪诺对这些诗歌极为欣赏,还抄写了好几份,送给他的朋友们;迪诺认出这部作品并不完整,因此想到这应该出自但丁之手。他想请求但丁继续自己的志向,完成这部大作。经过一番调查,迪诺发现但丁在卢尼贾纳,与高贵的莫罗埃隆·马拉斯皮纳侯爵在一起。由于这位侯爵聪明睿达,正巧又是自己的朋友,迪诺便考虑不把诗歌直接寄给但丁,而是寄给侯爵,然后再由侯爵拿给但丁;他这么做了,恳求侯爵让但丁继续写作,如果可能的话,完成这部作品。侯爵收到这七曲诗歌,赞赏不已,并马上请但丁过目;得到作者本人肯定的答复后,侯爵恳求但丁继续写作。据说,但丁对此的回应是:"我真心实意地以为,在我家遭劫时,这些诗歌与我的其他作品一起遗失了,因此我的想法与精神也一起消失了;但既然上帝不希望这部作品就此湮没,并将它重新放到了我的面前，我会努力按照之前的意向继续写作。"之后，但丁重新拾起之前的想法，继续中断的写作，他在第八曲的开头写道："我要接着说……"（*Esposizioni*）

其中，只有较晚成书的《详论但丁神曲》中提到了这位但丁"亲戚"的名字，不仅如此，这位莱昂·波吉之子安德里亚还是整个故事的（口述）消息来源。薄伽丘认为，这位安德里亚的母亲是诗人的姐妹，我们不知道她的名字；而安德里亚的父亲"莱昂"，与但丁一样，都属于圣马蒂诺主教教区（1276—1299年，莱昂曾出现在相关文献中，他去世于1304年11月18日**之前**；参Barbi，1941，pp. 318-22）。1259—1260年的文献显示，莱昂的妻子（或其中一任妻子）名叫拉文娜（R. Piattoli，*ED*，4，p. 573）：但没有任何证据显示，这个拉文娜是阿拉吉耶罗的女儿。无论如何，薄伽丘在1327年就离开了佛罗伦萨，当时他只有14岁，之后，直到1340/1341年才再次踏上故土：他几乎不可能亲自听到安德里亚关于此事的回忆，因为当事者在1322年到1334年5月22日之间就去世了。

关于这一点，《详论但丁神曲》的叙述与《但丁传》之间的区别不可谓不重要。在《但丁传》中，认出这七曲诗歌出自但丁之手的，是迪诺·第·兰博图奇奥这位诗歌专家；而在《详论但丁神曲》中，但丁的外甥在将小本子给迪诺过目之前,就已经认出了诗人的笔迹。应如何解释这两个版本的不同之处?也许(如果我们愿意信任薄伽丘的话)恰恰可以利用《详论但丁神曲》中提到的"双版本"证据:

> 曾有一位迪诺·佩里尼阁下几乎原封不动地对我讲述了这个故事,这位迪诺是我们的同乡,一位天资极高的人,根据他的说法,他不仅是但丁的好友,更与他沾亲带故;然而,在他的讲述中,从但丁妻子手里接过钥匙,到箱子里寻文书,并找到这七曲诗歌手稿的人,不是安德里亚,而是他本人。而且,最终也是他本人把手稿交给了迪诺·第·兰博图奇奥。

我们对这位佩里尼的生平一无所知:帕多安(Padoan, 1993, p. 31)认为,佩里尼可能是安德里亚口中的"地方官员",但也没有任何证据可以支持这一猜想。在一条注释中,薄伽丘称这位佩里尼就是《牧歌》(*Ecloga*)第1曲中的梅林白(Melibeo)("他就是佛罗伦萨人迪诺·佩里尼阁下";ms. Laur. XXIX 8)。然而,《牧歌》文本本身只提到"梅林白"是但丁在拉文纳的朋友,他们大致相识于1320年;当时,"梅林白"非常年轻(参Ⅳ 34),知识储备不足,因此没法理解乔凡尼·德·维尔吉利奥寄给但丁的诗歌:"你一无所知的牧场上,有着梅纳罗(Menalus)❶/从高处……投下的阴影。"

在但丁的问题上,薄伽丘的罗马涅阿(或博洛尼亚?)消息来源特别可靠:从他知晓但丁与乔凡尼·德·维尔吉利奥之间的通信交流这一点,便可见一斑。然而,要说这个迪诺·佩里尼先是在1307—1308年找到了这七曲诗歌,之后又在但丁完成《天堂篇》时陪伴在他左右,也未免过于巧合了。如果从字面上理解"非常年轻"这一描述,那么在1320年,佩里尼最多只有30岁,也就是说,在1307年,他只是个少年。1346—1347年,以及后来的1350年,薄伽丘身处拉文纳,但这并不代表他与他的佛罗伦萨同乡佩里尼就是在罗马涅阿地区*会面的。退一万步说,假设梅林白就是佩里尼,那么这个人也应该只是保管了但丁与乔凡尼·德·维尔吉利奥互通的信件而已。

令人意外的是,在《详论但丁神曲》中,连薄伽丘本人都对这个他自己讲述的故事心存困惑。

> 我不知应该更相信哪种说法;但无论哪种说法是真实的,它们都使我产生了一个无法解决的疑问:作

---

❶ 梅纳罗是希腊阿卡狄亚(Arcadia)的一座山,是牧神潘(Pan)的圣山。
* 拉文纳属罗马涅阿大区。

21 "七曲"传说

者在第 6 曲中引入了恰科这一人物,并借他之口预言但丁所属的派系将在三年之内垮台。这一事件确实发生了:正如我所说,在同一时间,白派落败,但丁逃离佛罗伦萨;因此,如果作者在我之前提到的时间出发,他如何能写下这个预言呢?不只是预言,他还写下了这一整曲。可以确定的是,但丁不是先知,因此,他不可能预见还没发生的事情,还将其写进诗歌;由此,我认为,作者一定是在恰科预言的事情发生之后,才写下这一切的:所以,这两种不同说法都不符合现实。* 当然,人们也可以假设,在白派被驱逐之后,但丁偷偷地留在了城中;直到写完了第 6 曲与第 7 曲,他才离开佛罗伦萨。但这个假设无法解释但丁对侯爵说的话,即:他以为,在他家被洗劫时,这七曲诗歌与其他作品都一并遗失了。另一个假设是,但丁在重新拿到这七曲手稿之后,才把恰科的预言加了上去。但这个假设也不成立,因为迪诺·第·兰博图奇奥在拿到稿子时,曾抄写了好几份赠予友人;如果恰科的预言是但丁后来加上的,那么这些友人所持的抄本中

---

* 如果但丁在离开佛罗伦萨之后才写下这些诗歌,那么无论是《但丁传》中的"某人",还是《详论但丁神曲》中的"安德里亚",抑或"迪诺·佩里尼",都不可能在佛罗伦萨找到这些诗歌的手稿。因此,薄伽丘说"不符合现实"。

就应该缺少这一内容;即使这些抄本全都不幸佚失,也总该有人对此多多少少有些印象。因此,事情的经过究竟如何,我将交由读者自行判断:每个人可以选择自己认为更真实,或更有可能的那种说法。

无论薄伽丘是多么地异想天开,他都不可能先杜撰了一个传说,之后再指出这个传说与第7曲文本之间的矛盾之处。实际上,我们读到的第7曲,只可能写于白派人士在1302年1月到10月被判罪之后(参第13章)。

总之,为了挽救这个"七曲传说",需要考虑重写的可能性。实话说,不该因为没有流传下来的手稿作为证据就排除这一可能,因为证据确实有可能遭到破坏。但如果假设我们读到的这"七曲"与原始版本并不完全一致,那么薄伽丘(或佩里尼,或安德里亚)的"找回七曲"的故事就完全失去了语文学层面上的价值:因为这七曲中的每一行都可能是"重写"过的。迪诺·第·兰博图奇奥在"七曲"小本子的故事中占有一席之地,因此,唯一可能在某种程度上证明这个传说的线索,是他的以"苦涩哭泣的你"(*Voi che piangete nello stato amaro*)开头的抒情诗与《地狱篇》第1曲含糊的相似之处。这首诗描述了作者痛苦的梦境:

> 由于那唯一的渴望,他被带到那个地方,/在那

里，他必须忍受极大的痛苦［……］他尝到那荒芜之地的折磨，/ 在那里，他必死无疑。/ 他必须到森林里去，/ 在狮子的带领下，走那无路之路。/ 当森林中的狮子 / 第一次出现在他的面前时，/ 我还在他的脑海中。/ 那狮子凶残地逼近，突然间转过头来，/ 对着他吼叫起来。/ 在那一刻，那冷酷又可怕的野兽，/ 在他心中掀起狂风暴雨，/ 这风暴如此猛烈，/ 使他痛哭着跑开了；/ 对死亡的恐惧，/ 使他跑了好远，/ 一直跑到了美丽、高耸又结实的塔楼。［……］从塔上下来一个姑娘，/ 欢乐、年轻又美丽，/ 她说：那指引你的渴望，/ 来源于我的光芒［……］后来，他像一个从阴间回来的人一样，/ 因恐惧而胆怯，因怜悯而痛苦，/ 他惊慌着醒来，/ 看见那个姑娘已经远去。

总而言之，"森林""令人惊恐的狮子""悦人的姑娘"以及"从梦中醒来"，这些意象脱离了语境便失去了意义（参 Fiorilla，2014，pp. 259-60）。更何况，直到1316年，都还有迪诺·第·兰博图奇奥的消息，因此，他可能在一个与薄伽丘叙述的完全不同的场合读到过《神曲》的前几曲。

而佩里尼-安德里亚的说法则有其真实之处。如果但丁获知白派垮台的消息时，身在罗马，并照布鲁尼所言，再也没有踏上佛罗伦萨的土地，那么，在形势允许的情况下，他肯定要请人将家中的书籍与手稿寄给自己：其中有"较多的十四行诗、抒情诗与其他相似的作品"。甚至，在"西部阵线"相对东部更平静的1307年或1308年（参 Villani, *Cron.* IX LXXXIX）[*]，这样一个包裹可能直接寄到了佛罗伦萨盟友（例如莫罗埃隆）的宫廷。40年（？）之后，人们普遍忽略了事实，反而惯于认为，《神曲》中的旅行者但丁游历三界的日期就是诗歌的创作日期；因此，我们可以在"文学批评"的层面上，引入对《地狱篇》8.1的阐释，以回应这一谬误："我**接着**（seguitando）叙说，早在 / 我们到达这高塔脚下时……"这里的"接着"的意思是对已经叙述的事实加以"补充"（aggiungendo），因为诗人此时要回过头，非比寻常地跳过前一曲的最后一行（7.130："最终，我们来到了一座高塔脚下"），接着倒数第二行（7.129）的话头说下去。^{**} 在众多为人熟知的注释家中，薄伽丘第一个指出了这一承上启下的诗句的特殊性；为了解释这不同寻常之处，他半信半疑地提出了这关于前七曲的传说。安德里亚或迪诺·第·兰博图奇奥作为直接

---

* "西部阵线"与"东部阵线"指佛罗伦萨东西两侧的阵线：前者包括卢尼贾纳（马拉斯皮纳所在地）、比萨与卢卡；后者包括阿尔卑斯山区领主们统治的地区。

** "**眼睛**望着那些吞下污水的人"（7.129）；"我们的**眼睛**被它的尖顶吸引"（8.3）。

21 "七曲"传说

证人,可能只是含糊地谈到了"前几曲诗歌",而确切的数字"七"则也许来自一个薄伽丘之前的第 8 曲的读者。

此前,我们已证明《论俗语》写于 1304 年下半年,《飨宴》的写作则可能从 1304 年夏天一直持续到 1308 年年底。实际上,《论俗语》在理论层面上对应了但丁专注于宏伟的抒情诗、在诗中谈论爱情与道德的阶段(参第 11 章);而书中关于体裁(悲剧、哀歌与喜剧)的理论则明显与《神曲》互不相容。另外,以散文形式注解上述抒情诗的《飨宴》实现了一种伦理-育人的设想,虽不偏离主旨,却与《神曲》截然不同。因为缺乏确凿的反对证据,由此可以得出的最简单的假设是,《神曲》创作于《飨宴》中断之后;或应更准确地说,在构思出《神曲》之后,诗人中断了《飨宴》的写作。

22　从《飨宴》到《神曲》

现在，让我们把注意力集中到之前提过的书信四上。这是但丁从卢尼贾纳搬到卡森提诺后不久，给莫罗埃隆·马拉斯皮纳写的一封信："**自从离开那我必将怀念的宫廷**——正如您常常满意地看到，在那里，我能安心地学习哲学，从事智性写作——**我这才在阿诺河畔**安顿下来，并无知地认为，自己的内心十分安宁。"我们不知道但丁搬到卡森提诺的具体时间，也不能排除他在途中曾在某些地方短暂停留。唯一与1309—1310年这一时期有关的消息来自薄伽丘，但与我们讨论的重点确实相去甚远：

然而，与预期相反，他［但丁］年复一年地四处逗留，始终无法回到故乡。流放之初，他首先来到维罗纳（在那里，他受到了领主阿尔贝托·德拉·斯卡拉阁下的热情招待），然后投靠了卡森提诺的萨尔瓦提克（Salvatico）伯爵，之后到了卢尼贾纳，在莫罗埃隆·马拉斯皮纳侯爵的宫廷中做客，最后，他到了乌比诺山脉附近德拉·法焦拉的领地。这些领主本就赫赫有名，但丁的逗留更使他们名满天下。**在此之后，诗人去了博洛尼亚，在那里短暂停留了一阵后，他出发前往帕多瓦，之后又回到了维罗纳**。但丁意识到祖国已对他关上了大门，返乡无路，他的希望一天比一天渺茫。他不仅被托斯卡纳抛弃，更**被整个意大利拒之门外。他只能历尽艰辛，穿过高卢地区的重重山脉，前往巴黎**；在那里，他埋头学习哲学与神学，重新拾起了那些曾因各种折磨他的困难而忘记的知识。**当但丁全身心地投入学习时，一件出乎意料的事情发生了：卢森堡伯爵亨利在教皇克莱蒙特五世的授意下，当选为罗马人民的国王**[*]，**随后被加冕为皇帝**。新皇帝随即动身前往意大利，镇压反抗者，并召集大批武装力量包围了布雷西亚。但丁获知这一消息后，出于各种理由，坚信皇帝必将获得胜利，自己也将凭借他的力量与正义的权力重回佛罗伦萨，虽然诗人很清楚，

---

[*] "罗马人民的国王"（re dei romani）是当选的皇帝接受教皇加冕之前的头衔：神圣罗马帝国（Sacro Romano Impero）内部的公爵选出"罗马人民的国王"，这位"国王"由教皇加冕之后正式成为皇帝。

自己将不会受到欢迎。为此,但丁再次翻越阿尔卑斯山脉,加入了佛罗伦萨敌人的队伍,并通过外交途径与书信,敦促亨利七世从布雷西亚撤军,以便挥师南下,进攻佛罗伦萨这个皇帝的头号敌人;诗人向亨利表示,只要攻破佛罗伦萨,他便可以轻而易举地征服整个意大利。(*Tratt.* 74-77)

之后,他离开了[佛罗伦萨];在意大利各地逗留的几年间,他一直没有放弃寻找机会返回故乡。然而,希望最终破灭,**他动身前往巴黎**,在那里,他专心学习哲学与神学;很短时间内,他在这两门学科上进步飞快,以至于经过一两次学术训练,例如演讲、阅读与辩论,就获得了博学之士们的极大赞赏。(*Esposizioni*)

根据薄伽丘的说法,亨利七世当选皇帝之时(1308年11月27日),但丁——在波河平原游荡了几年之后——身处巴黎(或总之在法兰西境内),并在皇帝围困布雷西亚期间(1311年5月19日到10月1日)回到了意大利。最后这一点是不可信的,因为在书信六《永恒天父的仁慈的神意》(*Eterni pia providentia*)的结尾,诗人明确写道:"写于阿诺河畔,(1311年)3月31日。"乔凡尼·维兰尼也谈到了但丁的一次巴黎之旅，虽然没有指出具体时间："他被赶出佛罗伦萨，并遭到了流放；随后，他前往博洛尼亚的大学，后来又去了巴黎和世界上的其他地方。"（Villani, *Cron.*, Ⅹ CXXXVI）本韦努托·达·伊莫拉在《炼狱篇》6.19-24 与《天堂篇》24.46 的注释中，利用了维兰尼与薄伽丘提供的线索："[但丁] 将皮埃罗*比作信仰至高的导师，把自己比作回应导师论题的学生。** 你看，这是诗人在巴黎辩论时，真正亲身经历过的。"现代批判应有的做法是，忠实地记录流传至今的说法，不无端地确认或反驳（Indizio，2005，p. 282）。

遵循书信四的开场白，我们应该假设：在 1308 年秋天之后的某一时刻，但丁从马拉斯皮纳的宫廷搬到了卡森提诺的一个城堡中。到达"阿诺河畔"时，诗人应仍在写作《飨宴》。他在书信中写道："自从离开那我必将怀念的宫廷——正如您常常满意地看到，在那里，我能安心地学习哲学，从事智性写作——我这才在阿诺河畔安顿下来，并无知地认为，自己的内心十分安宁。突然之间，一位淑女就像闪电一样，出现在我的面前。"爱的激情重回但丁心中，使他分心，不再关注哲学与智性写作——这将成为

---

* 指圣彼得。
** 中世纪宗教学校课程结尾的考试形式是，导师提出一个论题，学生就此准备不同的论点进行辩论。

一个文学意象（topos）。但丁谈起这部中断的作品的方式非常有趣："我本打算**远离那些为女人而写的诗歌**，但爱情……不仅毁掉了这个光荣的意图，还背信弃义地**不许我勤恳地思考**，要知道，那些我正沉思的**关于天与地的问题**，正有赖于此。"即便许多学者持不同的观点（Pasquini，2008，p. 23），我仍认为，与"为女人而写的诗歌"相对立的，关于"天与地的问题"的"思考"就是《飨宴》（"天"一词在 Vasoli-De Robertis 版《飨宴》的目录中几乎占了六行）。帕斯科利（Pascoli，1902）指出，但丁在写给莫罗埃隆的书信中宣称，他因贝亚特丽切"如闪电一般"精神上的回归而中断了《飨宴》的写作。我认为这一点是不可接受的，因为诗人在书信中，在随信附上的以"爱情，我愿为之受苦"（*Amor da che convien pur ch'io mi doglia*）开头的"山间"抒情诗中谈到的"爱"都是肉欲之爱，甚至是对自由意志的囚禁，这符合书信三与书信四中的思路。（参第 18 章）

因为一位山里*姑娘美丽的双眼❶（即重拾抒情诗），但丁中断了《飨宴》这一伦理 - 政治百科全书的写作；然而，诗人不可能因为这样的原因，没有完成作品。因此，

---

* 如前所述，卡森提诺是山区。
❶ 我们可以忽略薄伽丘滑稽厌女的细节，他称这个小姑娘"虽然面容美丽，但有个大喉结"（《但丁传》第二版，35）。

应该在《飨宴》中找出符合逻辑，能证明诗人计划写作《神曲》的线索。在我看来，这些线索明显就在第4卷的第4—6章中（虽然许多权威学者持相反意见）：但丁提出，必须要"认真思考"帝国的根基。简而言之，诗人在此阐明：（a）由于人的天性，帝制，"即只有一个统治者"是必要的，因为"人天然是社会性的动物"；（b）罗马帝国是上帝的旨意。支持上述第一个论点的"权威"是亚里士多德，而关于第二个论点，但丁特别引用了维吉尔："当他化身上帝时，他说：对罗马人而言，无论是事物还是时间，都没有终点；我给了他们永恒的帝国。"罗马帝国"没有终点"的观念，以及创作一部由圣灵赋予了先知职责的伟大诗歌的想法，在但丁脑海中，以一种密不可分的方式结合在一起。

第4卷的第4—6章绝不是冷冰冰的题外话。论战的口气在此："噢！愚蠢至极又懦弱至极的畜生们……你们这些纺布工，你们这些锄地农，你们自以为是地夸夸其谈，违背我们的信仰，甚至想一探上帝对万物谨慎的安排！你们，你们的自大，以及你们所相信的，都该受到诅咒！"（Ⅴ9）这些被但丁诅咒的人的名字出现在第6章的结尾：

> 不幸的人啊，你们只是一时重权在握！……你们的统治没有任何哲学权威作为根据……《传道书》

(*Ecclesiaste*)中的这番话适合你们所有人:当心!大地!统治你的是一个少年王,他手下的亲王们从早上(不合宜的时间)就开始大摆宴席!……当心你们身边的人,上帝的敌人们,你们手握权杖,统治着意大利——我说的就是你们,卡洛(那不勒斯国王卡洛·安茹二世)、费德里科(费德里科·第·阿拉贡,西西里国王),还有你们,其他的亲王与僭主们;看看你们身边出谋划策的都是些什么人!

但丁在这里斥责的对象以及他们受到斥责的原因与《论俗语》Ⅰ Ⅻ中的完全一样。在《论俗语》中,诗人严厉地将当下意大利的君主们与著名的英雄腓特烈二世和曼弗雷迪进行比较。但在《飨宴》第4卷中,但丁高举"帝国"理想作为武器,对抗那毁掉了意大利半岛的愚蠢而不幸的党派之争。

诗人写作《飨宴》第4卷时,在位的皇帝是阿尔布雷希特一世:他在1298年当选,1303年得到教皇卜尼法斯八世的承认,但他从未南下意大利,到罗马完成加冕仪式。说实话,从诗人叙述的话语中("并不影响利多尔夫、安道尔夫与阿尔贝托[即阿尔布雷希特一世]之后当选",Ⅲ 6),只能通过"**无反证**"(ex silentio)原则,得出皇帝当时仍在人世的结论。1308年5月1日,皇帝遇刺,他的死亡重新燃起了所有争夺皇位的野心与希望。皇位只空缺了较短的一段时间,因为1308年11月27日,卢森堡伯爵亨利当选德意志国王(1309年1月6日加冕,7月29日获得了教皇的承认)。但丁对新当选皇帝的期待在"致所有人,致意大利的国王,致意大利人民"的书信五《正是此刻》(*Ecce nunc tempus*)中表露无遗:"现在正是令人欢欣的时刻,能看到安慰与和平的迹象。新的一日正要开始闪耀光辉……"

阿尔布雷希特一世死后(或亨利当选之后;总之在1308年夏到1309年年初的这段时间里),但丁产生了写一部"维吉尔式"诗歌,向人们宣布黑夜已经结束的想法("我们将看到期待的欢乐,**长久以来,我们在荒漠中度过一个个黑夜**……")。作为一部"全面"的作品,这部诗歌本身就包含了对内心的深刻剖析,伦理-政治百科全书般范围极广的任务,以及"用从来没有用于任何女性的语言来描述贝亚特丽切"这一未曾忘却的承诺。

23 此生迷途的森林

《神曲》可引以为豪的革新之处有很多，其中最轰动的毫无疑问包括由真实的作者本人担任"自称'我'"的主角。这一"历史性"由一系列对作者生平事迹的暗示构成，意在模仿圣经式的完整：一方面，同一个"美丽的圣约翰"*见证但丁的"始"与（渴望的）"终"，即洗礼与戴上诗人的桂冠（*Pd* 25.8-9）**；另一方面，《神曲》中的主角但丁恰恰在1300年开启旅途，这一年不仅是圣年（anno santo）❶，也是一个标志着诗人的"过去"与"未来"分界的真实具体的年份。***

---

* 指佛罗伦萨的圣约翰洗礼堂。
** "我将作为诗人归故里，/ 在我受洗的教堂戴上桂冠。"与《地狱篇》19.17"美丽的圣约翰"呼应。然而，但丁终究未能返回故乡佛罗伦萨接受诗人的桂冠。
❶ 即使卜尼法斯八世作为教皇极不称职，但丁依旧承认禧年（圣年）的重要性：参《炼狱篇》2.98。
*** 这一年不仅是但丁政治生涯的顶点（当选执政官），也因黑白两派的流血冲突，成为他一生的转折点（之后的流放也与此息息相关）。

23　此生迷途的森林

显而易见的是，这里的"未来"分为两个层面，其一是实际上已经发生了的"未来"：从1300—1302年的一系列事件到与坎格兰德·德拉·斯卡拉相遇，诗中的伪预言遵循真实历史事件的时间顺序向读者叙述了这一"未来"，勾勒出但丁"无辜流放者"的形象；其二则是真实的未来，诗人将这个未来寄望于对上帝坚定的信仰，以及对人的善意不屈的希望。除了几个小插曲，对"过去"的讲述围绕着两个核心。第一个核心是但丁作为"诗人"的自画像，由"自称'我'"的声音在三个至关重要的时刻勾勒出来：公开表明对维吉尔的崇拜（*If* 1.85-87："你是我的导师，我敬仰的作者，我单单从你那里才学到了使我获得荣誉的优美文风"）后，加入了荷马等诗人"赫赫有名的队伍"，位列第六（*If* 4.102）；与圭多·卡瓦尔坎蒂分道扬镳（*If* 10.61-63）；声明使用"新体诗"记述爱情的启示（*Pg* 24.52-54），这一点在但丁承认圭多·圭尼泽利*为自己的俗语导师时，进一步得到明确（*Pg* 26.97-99）。然而，这条但丁‐诗人的线索必须适从《神曲》"自传式"的开篇：他在尘世诱惑的"森林"中迷失了方向。贝亚特丽切在《炼狱篇》最后几曲中具体讲述了但丁是如何"迷失方向"的，这是关于"过去"的第二个核心。根

---

*　博洛尼亚诗人圭尼泽利继承了托斯卡纳诗派和西西里诗派的传统，被认为是新体诗派的开创者。

据这位圣女的斥责,在她去世后不久("我刚刚离开人间":30.124-125),但丁就"转向他处……迈着他的步子走上了不正的道路"(126-130)。即便贝亚特丽切接下来"在梦中,或用其他的方式"唤他回头,但丁"仍深深沉沦",因此她必须派维吉尔引他去看"被打入地狱的鬼魂"(134-138)。但丁被"现世事物虚妄的欢欣"(31.34-35)所诱惑,因此堕落;但"那个学派",即哲学,也是促使但丁走上歧途的原因之一:他曾"追随"那个学派,其"道"与"那神圣的道/相去甚远,/如同运转最速的天离地一样"(33.85-90)。

诗人受人尊敬的"过去"与成为无辜流放者的"未来",都不可谓无益(*If* 15.55-78 中布鲁内托的话强调了这一点):诗人最终将获得命运注定的"荣光"。但在贝亚特丽切的话中,因遭到最终判罪的打击,在 1290—1300 年这整整十年间,但丁都笼罩在精神死亡浓重的阴影之下。无论怎么遵循布鲁诺·纳尔迪"相信但丁"的箴言,我们都无法在上述十年的真实历史重构(《新生》,与哲学相遇,道德诗,以及担任公职)中,找到任何一个符合贝亚特丽切描述的事件。但丁所谓的"入歧途"(若我们接受贝亚特丽切的评判),似乎不过是对《新生》中关于那个"仁慈淑女"的小插曲反常的过分追究与夸大其词的道德审判,以及对《神曲》与《飨宴》在神学-哲学层面上之差异的过分渲染而已(无论如何,"入歧途"都应是 1300 年之后的事。因此,根据事实,我们完全无从知晓《炼狱篇》33.85暗示的"学派"究竟具体指什么)。此外,仅就《神曲》文本本身来看,但丁"**离开**贝亚特丽切,走上歧途"这个话题就至少在两个片段中自相矛盾。这两个段落深刻而动人,我们无法一笔带过:《地狱篇》2.61中,她称但丁为"我的朋友,命中注定的朋友",他是她超越了世间种种偶然的爱人;《炼狱篇》32.1-3中,他目不转睛地盯着挚爱的贝亚特丽切的笑容,宣称要"满足自己十年来漫长的**渴望**(sete)。总之,但丁究竟是"离开她"还是"从未停止渴望她"?这一棘手的矛盾,对个体而言非常关键,在集体的层面上则被消解了:通过寓意(allegoria),作为人类一分子的旅行者但丁,成了人类的象征。确实,因为原罪,人类"**远离**"(si tolse)上帝,但——在人类始祖与古代以色列的历史中——仍渴望救世主;"今日"的世界在某种程度上重复了亚当之罪,因此"远离"了耶稣,但仍怀着对上帝之子强烈的渴望之情。最谨慎的批评方法恰恰是辨别《神曲》中但丁的两重"自传":一重根据卡恰圭达的视角,另一重则从贝亚特丽切的观点出发(Sasso,2008);一重符合波伊提乌笔下正义的受迫害者形象,另一重则忠于奥古斯丁式的"转向/归依"(conversione)典范(Brilli,2012)。

24 在卡森提诺(1309—1310)。《地狱篇》与《炼狱篇》

书信四写于"阿诺河畔",由于随信附上的抒情诗被作者称为"山间"小诗,这里的"河畔"指的应是河流的上游区域:"噢我的山间小诗,去吧:/也许你能看到佛罗伦萨,我的家乡,/对我关上了大门,/没有爱,也没有怜悯。"("爱情,我愿为之受苦",vv. 76-79)卡森提诺是圭多伯爵家族的领土,这个家族有众多支系,彼此间通常处于冲突之中:身处巴提弗勒与多瓦朵拉的成员倾向于圭尔夫派;而统治蒙蒂里亚纳、罗梅纳、巴尼奥与拉吉奥罗地区的支系则是帝国的支持者(Carpi,2004,pp. 556-69)。在接待了但丁的地方领主中,薄伽丘提到了圭多·萨尔瓦提克,他是多瓦朵拉的伯爵,也是普拉托围基奥城堡的领主,是佛罗伦萨黑派与教廷的坚定盟友。这种情况似乎不利于诗人与这位年迈领主(出生于1240—1245年间;1316年左右去世)的友谊;然而,在明显不适合表达赞美与尊敬之情的《地狱篇》

24 在卡森提诺(1309—1310)。《地狱篇》与《炼狱篇》

中,唯一有迹可循的,就是对多瓦朵拉的圭多·贵拉"结党连群式"的称誉:"在他的一生中,/用智谋与宝剑屡建功勋。"(*If* 16.34-39)萨尔瓦提克正是这位贵拉的侄子,也是他唯一的继承人(1272;M. Bicchierai, *DBI*, 61, p. 263)。而巴提弗勒的伯爵,圭多·达·巴提弗勒早在1301年就成为黑派的同谋了(参第12章),不仅如此,他还在皮斯托亚之战中向佛罗伦萨施以援手(M. Bicchierai, *DBI*, 61, p. 251)。然而但丁也曾为这位伯爵效劳:1311年5月18日,但丁在波皮城堡中写下书信十《当殿下的信》(*Cum pagina Vestre Serenitatis*),这是一封以伯爵夫人杰拉尔黛斯卡的名义写给亨利皇帝的妻子玛格丽特·第·布拉班特的信。伯爵曾在1310年六七月间许诺臣服于皇帝,但一直到1311年春天都仍在观望;在此期间,正如我们在上文看到的,但丁对佛罗伦萨态度有所改变,正逐渐向和解的方向发展,因此,1309年,他确有可能在圭尔夫派的多瓦朵拉或波皮的城堡停留(多瓦朵拉城堡与弗利的距离大约是20公里),而不是投靠老吉伯林派安吉诺尔夫·达·罗梅纳:拉斯特拉之战后,想将诗人"生吞活剥"的众人之中,就有这位安吉诺尔夫(Carpi, 2013, pp. 30-1)。关于这一点,诗人在《地狱篇》30.76-81为安吉诺尔夫三兄弟安排的臭名昭著的罪行就显得至关重要了。虽然没有任何确切的线索,但我们可以假设但丁曾在圭多·诺韦洛(1274—1282年间出生,1320年去世

但丁时代的意大利地图

24 在卡森提诺（1309—1310）：《地狱篇》与《炼狱篇》

[？]）的宫廷中短暂停留，诺韦洛是拉吉奥罗、奥尔蒂尼亚诺、普拉托马尼奥山区科尔塔与加尔里亚诺的领主；他是个坚定的吉伯林派，但似乎不像安吉诺尔夫那样热衷于与佛罗伦萨作战。在圣戈登佐签署协议时，诺韦洛可能也在场，因为拟定协议的正是他的公证员兼副手，乔凡尼·第·布托（M. Bicchierai, *DBI*, 61, p. 261）；然而，无论褒贬，但丁都从没提到过诺韦洛的名字。

如果，亨利七世遵循神意的当选坚定了但丁对"没有终点"的罗马帝国的热情，如果，诗人当真因此中断了《飨宴》的写作，并集中精力构思《神曲》，那么1309—1310年卡森提诺的隐居生活便使他能全身心地投入《地狱篇》与《炼狱篇》的写作。当然，之后的两年，诗人仍继续写作（参第28章），但他同时也必须完成其他的政治-文学任务（officia）。如果我们接受上述假设，就必须从帝国的角度来释读关于解放者的"预言"：这几则预言在结构上处于精确的对称状态，位于《地狱篇》的开头（"猎犬"［il veltro］，它的出生地在"费尔特罗与费尔特罗之间"［tra feltro e feltro］）*与《炼

---

* "猎犬"驱赶母狼，虽无法确认究竟指谁，但这里无疑指一位救星；"费尔特罗"也是一个无法解决的谜语，可能指地名，因此，"在菲尔特雷（Feltre）与蒙特费罗（Montefeltro）之间"，即波河河谷。这使人想起亨利七世在前往罗马，加冕为皇帝之前，曾在米兰（泛波河河谷地区）戴上意大利国王的桂冠（参 Inglese［a cura di］, Dante Alighieri, *Commedia. Purgatorio*, Carocci, Roma, 2016, p. 63）。

狱篇》的结尾（鹰的继承者，上帝派遣的"五百十五"[Cinquecento diece e cinque]）*。由于但丁谜语般的言辞极其隐晦，在亨利七世败北、去世之后，客观而言，《神曲》中关于"解放者"的预言仍能用于暗喻这位皇帝的继任者：1319/1320年之前的奥地利公爵腓特烈三世（Federico d'Austria）与之后的路易四世（Ludovico di Baviera）。

---

* 鹰是罗马帝国的标志；而"五百十五"，历代注释家对此有种种不同的见解，一般认为，"五百十五"在罗马数字中写作"DXV"：古代注释家称，根据变移词中字母位置构成另一词（anagramma）的规则，可解读为"DVX"，在拉丁文中的意思是"领袖／首领"；此外，还有一种可行的解释是"上帝的代理人"（Dominus Xristi Vicarius，即DXV）（参 Inglese, *Purgatorio*, 2016, *ad loc.*）。

25 伟大的亨利七世(1311—1313)

根据比翁多·弗拉维奥的记录(参第14章),我们可以从弗利书记官的文书中间接获知但丁第一次公开支持当选皇帝的消息。1310年7月3日,亨利七世的使者到达佛罗伦萨,再次要求这座城市臣服皇帝,并停止与阿雷佐的战争;除了几句场面上的客套话,佛罗伦萨人仍旧我行我素,"这些使者对佛罗伦萨人愤怒至极"(Villani, *Cron.*, IX CXX)。比翁多提道,

> 但丁·阿利吉耶里当时身处弗利,在一封以他本人,以及其他白派流亡者的名义写给坎格兰德·德拉·斯卡拉的书信(由佩莱格里诺·卡尔维誊写)中,他因佛罗伦萨人对上述话题的回应,斥责政府官员们不仅莽撞、盲目,还寡廉鲜耻。(见 Pastore Stocchi, 2012, p. 141)

比翁多提供的证据似乎"令人生疑"(Barbi, 1934, p. 194),尤其因为他将诗人明确站队皇帝一派的时间提前到了1310年夏天。然而,实际上,直到1311年3—4月,但丁才在书信六《永恒天父的仁慈的神意》与书信七《上帝无际的爱》(*Immensa Dei dilectione*)中证实了这一立场。确实,在"致所有人,致意大利的国王"的书信五《正是此刻》中,"无辜的流放者但丁·阿利吉耶里呼吁和平",但这并不意味着他已经坚定地站在了皇帝一边。由于落款佚失,我们只能推测这封书信写于1310年9月1日的教皇敕令之后(因为在书信中,但丁暗示"他[指亨利]是上帝的代理人圣彼得告诫我们要尊崇的人"),亨利七世来到意大利之前("那个人即将到来,他将把你[指意大利]从不敬之人的牢笼中解放出来")。他劝告众人迎接皇帝的到来,并笃定地相信,一个正义和平的时代即将到来;除此之外,诗人还提出很有分量的论据,以支持帝国的主张:奥古斯都治下的和平为耶稣降世为人做好了准备,耶稣"将两个王国区分开来,与恺撒[指皇帝]分而治之,他希望每个人都得到自己应得的"(9)。

1310年10月23日,伟大的亨利到达苏萨(Susa)。但丁曾当面向亨利致敬,或在12月17日,于韦尔切利:当时,莫罗埃隆以《福音书》起誓,宣布效忠统治者(*MGH*, Const., Ⅳ, pp. 449-50);或在第二年1月6

日,于米兰:当时,亨利在圣盎博罗削堂接受了意大利王国华丽的"铁冠"*(参 Zug Tucci, 1993)。我们可以从书信七中了解到这一点:"我**见过**(vidi)如此仁慈的你,**听过**(audivi)你极为宽厚的话语。"(9)亨利南下意大利有两个目的:一是在罗马由教皇本人或他的代表加冕为皇帝,二是确认他对在理论上隶属帝国的意大利各大区的权力。这一权力具体表现在征税、任命代理人,以及确立不同城市或地方间的"和约",以恢复流放者的权利,归还他们的财产。因此,佛罗伦萨、帕多瓦和博洛尼亚(在那不勒斯国王罗伯特·安茹的支持下)迅速组成了反抗亨利的"圭尔夫"联盟。早在亨利于米兰加冕为意大利国王时,"除了佛罗伦萨及其盟友,几乎所有意大利城市的使者都到场了"(Villani, *Cron*., XIX)。1311年3月31日,但丁写下那封惊世骇俗的书信六:"无辜的流放者,佛罗伦萨人但丁·阿利吉耶里致城内穷凶极恶的佛罗伦萨人。"(落款为:"写于3月31日,托斯卡纳阿诺河畔,亨利皇帝极有福的意大利之行的第一年")这不再是对佛罗伦萨人的告诫,而是诅咒。等待这些"可耻而不幸的佛罗伦萨人"的,

---

* 这项现藏于蒙扎大教堂(Duomo di Monza)的古老"铁冠"是天主教会的圣物,几个世纪以来,曾用于加冕众多君主,其中包括意大利国王。根据教会传统,这项王冠的铸造材料中包含耶稣十字架上的一枚钉子(但现代分析已经否认了这一点)。

不是皇帝的宽恕，而是无情的惩罚。短短十几日后，4月17日，诗人直接写信给"极受人尊敬、充满荣光并有福的胜利者，唯一的君主亨利，因神意成为罗马人民的国王以及永恒的皇帝"（书信七）。这一次，"无辜的流放者，佛罗伦萨人但丁·阿利吉耶里"以"所有渴望和平的托斯卡纳人"的名义写下了这封信（落款："写于托斯卡纳，阿诺河畔，4月17日，亨利皇帝极有福的意大利之行的第一年"）。在这封信中，但丁以一个团体的名义发言（2："因此，我代表自己，也代表其他人，写下这封信"），这个团体活跃在阿诺河❶与弗利之间的区域（Biondo Flavio; Indizio, 2005, pp. 290-2）❷。在这封信中，但丁出人意料地严厉斥责了亨利：他因围攻克雷莫纳（皇帝应该是在4月20日征服了这座反叛的城市），而忽视了佛罗伦萨才是"肿瘤"的根本原因，才是那散发出恶臭的小狐狸——"这只蝰蛇攻击母亲［指罗马］的内脏"。之后，佛罗伦萨为加强自身实力，颁布法令，宣布赦免"所有被驱逐的圭尔夫派的市民与郊区居民"（Villani, *Cron.*, ⅩⅥ），而上述这封信很

---

❶ 即波皮城堡，这是圭多·达·巴提弗勒的住所：参上文提到的写于1311年5月18日的书信十，这是一封诗人以伯爵夫人杰拉尔黛斯卡的名义给玛格丽特皇后写的信。

❷ 1311年7月，吉尔贝尔托·达·桑提利亚的安茹军队占领了弗利："因此，原本居住在那里的吉伯林派人与托斯卡纳的白派流放者纷纷离开。"（Villani, *Cron.*, ⅩⅧ）

25 伟大的亨利七世(1311—1313)

好地解释了诗人不在大赦名单上的原因。一份1311年9月2日(根据史学家推测的日期)的公文列出了不被赦免的流放者:"圣彼得门教区的……阿巴蒂家族除奇奥罗以外的所有人……波尔提纳利家族全体……奇奥尼·德·贝洛之子以及**但丁·阿利吉耶里**"。

9月18日,亨利征服了布雷西亚;10月21日,他到达热那亚;12月14日,玛格丽特皇后因瘟疫在这座城市去世。12月24日,皇帝正式宣布佛罗伦萨为帝国的反抗者。由于克莱蒙特五世变卦(O. Capitani, *ED*, Ⅱ, p. 684),亨利于3月6日前往比萨寻求支持,直到4月22日才离开。在这一时期,但丁可能与友人彼特拉克·德·英奇撒在热那亚或比萨会面:这位友人也是个流放者,他在1302年10月被驱逐;彼特拉克(Petrarca)在《家书》(*Fam.* XXI 15,7)中提到了这次会面("我只在**青年期刚刚开始时**见过他[指但丁]一次";参 Billanovich,1965,p. 6;Indizio,2013,pp. 115-25)。"与……两千多名骑兵一道"(Villani,*Cron.*,ⅩXL),当选皇帝从比萨出发,于5月7日进入罗马。"这座帝王之城……聚集了那不勒斯与法兰西的军队……处在混战之中。"(Zingrarelli,1931,p. 625)在拉特朗圣若望大教堂,亨利由教皇特使加冕为皇帝(6月29日)。9月19日到11月1日,他终于北上,"着手对付佛罗伦萨"。

1304年发生的一切（参第16章）似乎再次重演。但丁曾极力劝告亨利应像大卫击败歌利亚*一样摧毁佛罗伦萨（*Ep.* VII 8）；然而一年之后，诗人却没有出现在围攻城市的"流放者"（Villani, *Cron.*, X XLVII）之列。一封由布鲁尼转述的佚失书信记载了这一事件："但出于对故乡的敬重，在皇帝攻打佛罗伦萨、扎营城门外时，他不愿参战，即便他曾全心全意鼓动皇帝的到来。**这是他（但丁）亲笔所写的**。"（*Vita*, p. 547）❶ 正如1304年一样，诗人没有参战，除了出于对故乡真挚的爱，还因为他认识到皇帝一边投入的军事力量远远不足以攻下佛罗伦萨（确实，这一军事行动最后一无所获）；同时，也可能由于他决定投身写作，而非沙场。

亨利没能攻陷佛罗伦萨，他继续在托斯卡纳活动。1313

---

* 《撒母耳记》上17，未来的以色列国王大卫打败了非利士人勇士歌利亚："大卫用手从囊中掏出一块石子来，用机弦甩去，打中非利士人的额，石子进入额内，他就仆倒，面伏于地。这样，大卫用机弦甩石，胜了那非利士人，打死他，大卫手中却没有刀。大卫跑去，站在非利士人身旁，将他的刀从鞘中拔出来，杀死他，割了他的头。非利士众人看见他们讨战的勇士死了，就都逃跑。以色列人和犹大人便起身呐喊，追赶非利士人，直到迦特和以革伦的城门。"（49-52）

❶ 布鲁尼熟悉不止一封但丁的书信："我曾读过一些那个人的书信，看起来他写得很用心：是他亲手写的，还盖上了他的签名章"（*Dialogi*, ed. Garin, p. 70）。《但丁传》中："……他的书写堪称完美，根据我看到的那几封亲手信，他的字体修长，写作非常规范。"

年3月10日，皇帝停留比萨，以制定并颁布法令（4月）：这些法令不仅确定了帝国的"世界性"，还给"叛徒"那不勒斯国王罗伯特定了罪（4月26日）。8月8日，帝国军队南下；8月24日，亨利在布翁孔文托（Buonconvento）因疟疾去世。在最高天、贝亚特丽切向但丁展示了属于这位不幸皇帝的宝座："在那伟大的宝座上，/ 有一顶皇冠，你的目光完全被吸引了，/ 在你前来赴宴之前*，/ 那伟大的亨利将坐上那宝座，/ 他将在人间被加冕为皇帝，/ 他在神意决定之前**，/ 试图使意大利重新回到正路。"（*Pd* 30.133-138）

---

*　即去世之前。
**　指"在注定的时刻之前"，但这并不能为人类，尤其是意大利人的骄傲与贪婪辩解（参 Inglese [a cura di]，Dante Alighieri，*Commedia. Paradiso*，Carocci，Roma，2016，*ad loc.*）。

26 《帝制论》

这篇关于"帝制",即世界帝国(顺应上帝的旨意,引导人类获得尘世的幸福;由神圣的三位一体赋予罗马人民;其权力直接来源于上帝,不必通过教皇)的拉丁语论文的写作时间也许是但丁语文学中最微妙、最棘手的问题:一方面,文本本身提供的信息互相矛盾;另一方面,关于写作时间不同的选择对重构诗人的"哲学家生涯"有着重大的影响。

薄伽丘的说法非常精确:"皇帝亨利七世到来之际,他以拉丁散文体写下了一本题为《帝制论》的书。"(*Tratt.* 195)这一说法符合当时的历史背景:时势所趋,但丁努力为帝国的合法与合理性提供最大的思想理论支持。例如,1313年春天,皇帝颁布了"比萨法令",另一边就迅速发表了非常著名的反亨利《言论》(*Disquisitio*),其中就有一

些《帝制论》明确反对的观点。❶

《帝制论》的哲学性本身不利于确定其写作年代。但第 2 卷第 1 章中提到了一件现实事件:

> 在一番深思熟虑后,通过极为明显的迹象,我意识到这是神意的安排(即,将世界帝国交到罗马人手中)……取而代之的是蔑视与嘲讽,因为我知道那些暴动的外邦反抗罗马人民的统治;当我**看到**(videam)这些民族筹划着无望之事……此外,我还因那些国王与君主只知**共同反对**(adversentur)他们的上帝与他们的牧者罗马皇帝而**不胜悲痛**(doleam)。(3)

值得注意的是,诗人使用了动词的现在时形式。"对皇帝全面的反抗……众多君主联合起来发动的反皇帝战争(在但丁的人生中)只发生了一次……在亨利七世时期",瓜廖尼(Guaglioni, 2014, p. 832)赞同委尼的评注(Vinay, 1950, pp. XXXIV - XXXVII)。

---

❶ 例如,"教皇被授予了人间与天堂的权力,上帝将尘世王国与天国的政府都托付给他,没有人能够剥夺他的权力,他是耶稣的代理人,是上帝在世间的声音";以及"罗马帝国有边界与国境,不是世界性的"(*MGH*, *Const.*, IV, pp. 1326, 1338)。参 Guaglioni, 2014, pp. 843-60。

然而，对《天堂篇》第5曲的引用推翻了上述对《帝制论》写作时间的论证（当然，但丁应在1316年之后才写下这一曲：参第31章）。当诗人谈及上帝赋予人类最大的礼物"自由意志"时（Ⅰ Ⅻ 6），突然提到了《天堂篇》："正如我在《神曲》的《天堂篇》中说的那样。"（参 *Pd* 5.19-24）肖恩（P. Shaw）新近的评注本毫无疑问地证明了原本（archetipo）*中就有这句话。当然，这个原本也可能经过了修改，被人加上了这句话；但在进行这一假设之前，必须首先考虑这个句子可能是作者本人加上的。换言之，现存的《帝制论》手抄本可能并不源自1312—1313年的文本，而是来自一份由但丁亲手补全的较晚期的手稿（Chiesa，Tabarroni，2013）。他很可能是在若望二十二世与坎格兰德·德拉·斯卡拉就皇帝代理人的权力问题发生争执（教皇认为，在帝位空缺时，代理人没有权力）之时，重新对《帝制论》的文本进行了修改（参第31章）。1317年6月19日，教廷的使者伯纳多·盖伊与培特朗·德拉·图尔会见坎格兰德，劝告他辞去维罗纳与维琴察的皇帝代理人一职。坎格兰德对此的回应是，教皇的主张"无效，正如专家们对此的意见"：但丁很可能正是这些"专

---

* 指根据各种现存版本考证（构建）出来的失传的版本。不是指作者的"手稿"或"口述版"。

家"(periti)中的一员(参 Biscaro,1921,p. 10)。

由于诗人在《帝制论》中极少引用自己的作品,再加上此处谈论的内容至关重要,我认为对《天堂篇》的引用无疑出自但丁本人之手。自由意志是上帝的赠予,这一点在一方面是整部《神曲》的概念根基;然而,在另一方面,正如伦巴第人马可(Marco il lombardo)的论据所证明的(*Pg* 16.67-114),这一点是但丁"政治"理论在逻辑上的起源。[*] 通过引用《天堂篇》,但丁似乎希望在《神曲》与《帝制论》之间建立一种牢不可破的联系,并表明这两部作品在思想层面上完全一致。

薄伽丘准确地指出,《帝制论》经历了一段时间的沉寂后,在伪教皇尼科洛五世(Niccolò V)为路易四世加冕时,重新获得关注:

> 由于他[路易四世]的权威在众多方面受到质疑,他与他的追随者发现了这本书,开始利用其中的许多

---

[*] 马可论据的大意是:世人错误地将一切事情发生的原因归于上天;但假设确实如此,人的一切行为就都取决于天,自由意志便不复存在,即人不可在善与恶之间进行自由的选择,对自己的行为也不必在道德层面上负责。这样一来,上帝奖善惩恶便成了不公正之事。马可驳宿命论,捍卫自由意志:世人道德败坏的原因在于其自身,因此需要正确的领路人,即互相畏惧、互相监督的教权与政权,而教皇独断专行,这正是世风日下的原因所在。

论点为他们的地位进行辩护;因此,这本书一举成名。(*Tratt.* 196)

正是在1328年,红衣主教培特朗多·德·波吉托公开反对这部作品,并将其定罪;之后,圭多·韦尔纳尼出版了《驳但丁〈帝制论〉》(*Reprobatio Monarchiae Dantis*)。

27 《地狱篇》的完稿与校订（1313—1314）

在《地狱篇》的文本中，可确定的最晚近历史事件是高利贷者贾尼·德·贝基之死（17.72-73）：这一事件发生在1310年上半年（Barbi，1925，p. 72）。如果我们假设但丁在等待亨利七世的两年间（1309—1310）完成了《地狱篇》的写作，那么，唯一不合逻辑之处就是教皇克莱蒙特在诗中遭受的永恒判罚（*If* 19.79-87）。

第19曲中，尼科洛·奥尔西尼三世（Niccolò Ⅲ Orsini，于1280年8月22日去世）的幽魂预言卜尼法斯八世将于1303年10月11日被倒插进买卖圣职者的洞孔。他还说："但是……我这样身子倒栽着的时间［1300－1280＝20］／已经比他将要被这样倒栽着，两脚烧红的时间长了：／因为在他之后，将有一个更作恶多端、／无法无天的教皇从西方到来。"换言之，从卜尼法斯去世（与判罪）到克莱蒙特五世亡故（1314年4月20日），中间经过了不到二十年。批评家们过于关注但丁是否可能预见克莱蒙特（大约于 1260 年出生，1306 年病重）活不到 1323 年（1303＋20）；然而更重要的是追问诗人是否可能在一个圣彼得的继任者*的所作所为盖棺论定之前，就对他作出如此严厉的判罪。在《地狱篇》中，克莱蒙特确实被控犯有买卖圣职罪，还因屈从法兰西国王而遭到斥责。但诗人仇恨这位教皇的真正原因是他对亨利的背叛：作为法兰西国王腓力四世的同谋，自 1312 年 3 月起，克莱蒙特愈发公开地远离皇帝。《天堂篇》中（17.82），卡恰圭达严厉地斥责了"加斯科尼人"（Guasco）**对"伟大的亨利"（alto Arrigo）的"欺骗"。有人可能提出异议，认为仅仅是克莱蒙特五世在 1309 年 3 月将圣座迁至亚维农这一点（*Pg* 32.158），就足够使他受到永恒的惩罚了。但首先，这一行为的严重性需要时间才能慢慢显现出来；其次，自 1309 年 7 月 29 日起，教皇一直公开表示对亨利的支持，并通过教皇敕令《在荣光中欢欣》（*Exultet in gloria*）庄严地表示对皇帝的欢迎与尊敬（但丁在书信五中引用了这一敕令）。因此，在 1312 年春天之前，诗人没有理由给教皇定下像奥尔西尼预言中那样的一项重罪（Indizio，2002a，p. 95），或更准确地说，

---

*　所有的教皇都被称为圣彼得的继任者。
**　指教皇克莱蒙特五世，他来自加斯科尼，法国西南部城市。

27 《地狱篇》的完稿与校订（1313—1314）

在"欺骗"完全奏效，即"伟大的亨利"彻底失败与去世之前，教皇都不应受"倒栽孔洞"之罪。由此，我们可以缩小《地狱篇》19.79-87写作时间的范围：即使这几行诗不一定写于1314年4月20日之后，也绝不可能写于1313年8月24日之前。

然而，正如我们刚刚讨论的，文本中线索的适用范围究竟有多大？这条线索只适用于第19曲？只适用于前19曲？抑或适用于整个《地狱篇》？几乎可以确定的是，我们目前所知的所有《神曲》手抄本都可追溯到同一个完整的版本——依我所见，这个版本是由雅各布·阿利吉耶里在但丁刚刚去世时整理而成的"原型"（prototipo）*——因此，可以得出结论，我们读到的《地狱篇》是诗人在皇帝去世之后完成的版本。此后，他再也没有对这个版本进行修改（参第30章）。

当然，诗人很有可能在写作的过程中，将其中的一曲或几曲抄写在"小本子"上，送给朋友或接待他的领主，尽管薄伽丘的记录（*Tratt.* 183："这是他的习惯，当他写了六曲或八曲，或差不多这个数量的诗歌时，在给其他人过目之前，先寄给坎［格兰德］·德拉·斯卡拉阁下［……］，

---

* 根据语文学家的重构，前文提到的"原本"源于雅各布整理的"原型"（当然，与"原本"一样，早已佚失）。

在他［指坎格兰德］看完之后，但丁再将这些诗歌抄写好几份，送给想读的人"）仅限《天堂篇》。然而，猜想这些"小本子"中的内容只是徒劳而已，除非假设：第一，"但丁在逐渐公开《神曲》的过程当中，不再修改已经完成的诗行"（Padoan，1993，p. 40）；第二，诗人按照我们现在读到的顺序，从第1曲写到最后一曲。这两个假设都与现实差之千里，因为我们知道，在任何时代、任何国度，文学创作都不是以这种方式完成的；那些相信但丁以这种方式写作的人，在很大程度上对他与他的作品怀有一种近乎迷信的神秘崇拜之情。此外，有观点认为，诗歌中的一部分一旦开始流传，就意味着这几曲已经基本完成，进入了修饰和润色的阶段，因此也就排除了完全重写的可能性。这一观点合情合理，尤其适用于《炼狱篇》中看似写于1311年之前的几曲：第6曲（Parodi，1920，1965，p. 243）、第16曲（参vv. 118-120）以及第18曲（参vv. 124-126；Carpi，2004，pp. 71-3）；当然，上述几曲也可能创作于亨利七世去世前，就像第33曲一样（参vv. 37-45；Inglese，2011，p. 395）。

帕多安对这一问题的各种观察，虽然在注释（esegetico）层面上多多少少算得上敏锐，但都犯了一个原则上的错误。帕多安认为，所有结构上的不足与叙述上的不一致（例如，《地狱篇》第20曲［vv. 127-129］中的满月，在第1曲中被完全忽略了），都是因为作者本人在改变了想法之后，无法回头

27 《地狱篇》的完稿与校订（1313—1314）

修改之前的文本：只须参考第 8 曲开头那极为特殊的"倒叙"。

> 在我看来，这个问题合情合理：诗人为什么要特别指出，他要回过头接着叙述一件他之前忘记的事……而实际上他只须……将上一曲的最后一行删去即可？符合逻辑的回答只有一个：因为作者无法再删去那一行。实际上，但丁在逐渐公开《神曲》的过程当中，不再修改已经完成的诗行（Padoan，1993，p.40）。

过分追求逻辑连贯的弊端在这一段中可见一斑。当然，现代文学批评无法对逻辑的连贯性置之不理，因此，批评家应该非常慎重地处理文学叙述中"前后不一"的问题，不轻易否定潜在的各种可能。至于帕多安的问题，答案很简单，我只须证实但丁曾一度追求"倒叙""回顾"的文学效应。这又有何不可？

为证明"《地狱篇》的第一部分（即前七曲）是在卡森提诺公开发布的"，帕多安引用了菲利普·维兰尼的《阐述》（*Expositio*）："后来，出于正当的原因，他离开了莫罗埃隆阁下，来到卡森提诺，他在此地停留期间，发布了**那部作品**的一大部分。"然而，如果我们继续维兰尼的讲述——"之后，他离开了维罗纳，整整四年都埋头专心写作这部作品。最后，他在拉文纳受到了圭多·诺韦洛的招待"（Bellomo，1989，p. 39）——就会明确地发现，维兰尼所说的"那部作品"不是《地狱篇》，而是整部《神曲》；在卡森提诺公开的那"一大部分"，指的是《地狱篇》与《炼狱篇》。可以对照维兰尼在《关于佛罗伦萨的起源》（*De origine civitatis Florentie*）中关于此事的论述❶：

> 亨利皇帝去世后，一切返乡的希望都破灭了，[但丁]全身心投入写作，意在完成这部作品（之前提到了"七曲传说"）。之后，他来到卡森提诺，在这里，他与那些同伴度过了好几年的时光，**创作并公开发布**（edidit）了一大部分的作品。后来，他出发前往维罗纳……❷

正如我们接下来将会看到的，尽管不是直接证据，维兰尼的叙述也有其重要之处。

---

❶ 这一段落是由谭图尔里（Giuliano Tanturli）在班迪尼（Domenico Bandini）的《世界上值得纪念之事的来源》（*Fons memorabilium universi*）中复原出来的（m. 1418）。

❷ 维兰尼接着说道，"尽管[但丁]在他[坎格兰德·德拉·斯卡拉]的宫廷中待了整整四年，投身自己的作品，但后来，他[但丁]还是动身前往拉文纳，来到了领主圭多·诺韦洛的宫廷……诺韦洛来自波伦塔（Polenta）……在这里，他愉悦地完成了这部作品"（Tanturli，1997，p. 199）。在写作的第一和第二阶段："由于亨利去世，一切返回祖国的希望都破灭了。他决定全身心地投入那神圣的作品，选择前往罗马涅阿地区，在那里，他的生活更加舒适……当但丁在罗马涅阿各地游荡漂泊之时，圭多·诺韦洛得到了消息，便邀请他到自己的宫廷共同居住，诗人接受了这一邀请。"（ivi，p. 81）

28 《地狱篇》的第一次传播（1314—1317）

如果抄写了诗歌的"小本子"在但丁最终审核、润色《地狱篇》与《炼狱篇》的全文之前，就到了他的友人、通信人与崇拜者手中，那么，从语文学的角度上看，关于这两篇诗歌的最早消息和最早痕迹就不那么重要了；但由于我们所知的关于《神曲》前两个篇章的消息都晚于诗人最终定稿的时间，这也就意味着，它们还是能够提供相当有用的信息的。

关于《神曲》最古老的消息来自弗朗西斯科·达·巴尔贝利诺（Francesco da Barberino）对他本人的多韵律俗语论诗《爱的文献》（*Documenti d'amore*）的拉丁语散文评注。巴尔贝利诺（1264—1348）作为吉伯林派人士，在1303年离开了佛罗伦萨；值得一提的是，他也曾在圭尔夫派城市帕多瓦与特雷维索停留；他在1315年4月28日之前就曾一度回到故乡，并于1317年或1318年彻底返回。

在巴尔贝利诺的亲笔手稿中（A c. 63 Vat. Barb. 4076），我们可以读到：

> 在但丁·阿利吉耶里的一部叫作《神曲》的作品中，维吉尔毫无异议地被尊为导师。这部作品谈论了地狱以及其他许多内容。当然，认真研究了这部作品的人会发现，但丁曾长时间地学习维吉尔的作品，或他在短时间内掌握了非常多的内容。

这条注释位于第4部分文献3的页底，但作者写下这条注释的原因是，他当时在曼托瓦——维吉尔的故乡："当我评注这一部分的时候，偶然来到了他的城市曼托瓦。"由于但丁并非"偶然地"身处"森林"，有必要将这一注释与被注释的原文进行比较："而且你知道得很清楚，/ 在**昏暗**（oscuri）中要小心翼翼地前行：/ 未知的**森林**（selva）中应有向导照料。"除此之外，从拉丁文注释中，我们可以看出，巴尔贝利诺至少读过《地狱篇》的第1曲（声称维吉尔是但丁的导师）；他也许还读了"谈及"埃涅阿斯、帝国与圣保罗的第2曲。在文本中，巴尔贝利诺似乎遵循着时间顺序"记录"历史真实事件，就像"日记"一样，因此，英迪奇奥（Indizio，2003）得以更加精准地确定了这条注释的写作时间。在提到但丁之前，巴尔贝利诺暗示了亨利七世之死（1313年8月24日）以及卢卡的陷落（1314年6月14日）。由此，我们可以得出结论：在1314年上半年，一部由但丁·阿利吉耶里创作的"谈论地狱的《神曲》"已经为人所知了。

大致在这一时期，还有一份非常特殊的文献：一位名叫伊拉罗（Ilàro）❶的科尔沃角*本笃会修士给乌古乔尼·德拉·法焦拉写了一封拉丁文书信。在这封信中，修士称，自己随信附上了一份《地狱篇》的抄本，这是作者献给乌古乔尼的；此外，抄本上还有伊拉罗本人做的笔记（glosule）。没有任何文献可以证明这个伊拉罗的存在：一份1307年11月21日的公文显示，科尔沃角修道院只有三位成员，他们是菲利普、乔凡尼与尼科洛（Rajna，1909，p. 260）。

我们了解这封信的唯一渠道，就是薄伽丘（ms. Laurenziano 29.8，c. 67r）。他在《但丁传》与《详论但丁神曲》（*Accessus*，74-7）中都大篇幅引用了这封书信。这封信很特殊，其中充满了各种奇异且引人入胜的信息，明显极不

---

❶ 我认为"伊拉罗"（Ilàro）是"伊拉里奥"（Ilario）的简写；倾向"伊拉罗"（这个名字非常罕见）的学者认为这个名字来自于拉丁文名"Hilarus"（Rajna，1909，p. 238，p. 270）。薄伽丘的作品《菲洛柯洛》（*Filocolo*，1336？）中，有一位身在罗马的伊拉里奥修士；这位修士还是弗洛里奥故事"希腊语版"所谓的作者。这应该不是巧合。

* 科尔沃角（Corvo alle foci del Magra）位于卢卡与热那亚之间的海岸线上。

真实;目前学界已基本承认,其中的信息纯属伪造。

以下是这封书信完整的翻译(拉丁文本见 Bellomo,2004)。

[1]致尊敬而慷慨的乌古乔尼·德拉·法焦拉阁下,您是意大利伟大人物中极为杰出的一位,科尔沃角修道院卑微的修士伊拉罗,以上帝之名向您致以问候。

[2]我们的救世主曾经说过"善人从他心里所存的善就发出善来"。[*] 这话教给我们两件事:我们通过外在的事物,认识到他人的内心;我们通过诺言表现自己的内心,正是为了这个目的,我们才被赋予了许诺的能力。"凭着他们的果子就可以认出他们来"[**]——这是(在《圣经》上)写下的话。尽管这话针对的是罪人,但我们可以拓宽范围,用在善人身上,因为,在某种意义上,这些人(善人)倾向于表现出来,而那些人(罪人)倾向于隐藏。

[3]促使我们用内心的善造福外部世界的,不只是对荣誉的渴望:恰恰相反,神的准则不许我们荒废上天赋予的恩典。事实上,上帝与自然厌恶不育的事

---

* 《路加福音》6:45。
** 《马太福音》7:20。

28 《地狱篇》的第一次传播(1314—1317)

物;因此,不结果的大树会被烧毁。

[4]事实上,我想寄(给你)的这部作品(附有我的阐释)的作者是一个自孩童时代起,便极其良善的人。据说,他总想将自己内心的宝藏奉献给他人,在这一点上,他是意大利人之中的佼佼者。我也的确了解到,他小时候就曾说过一些闻所未闻的惊人之语,真真非比寻常!

[5]更令人惊奇的是,他(之后)想用俗语讨论一些连最博学的大师用拉丁文都很难阐明的问题:我补充一下,是用俗语诗体,而非散文!我将尽快进入(这封信的)正题,这部作品的荣誉属于作者,他无疑将引起智慧之人的注目。

[6]总之,此人在去往山的那一边的过程中,来到了卢尼的主教管区。出于对这个地方的尊敬,或是出于其他原因,他登上了上文提到的修道院。由于我与其他修士都不认识他,当我见到他时,便问他有何需求。他没有回答,只是打量着修道院的房子;因此我不得不再次开口询问他的来意。

[7]"安宁"——他看向我与其他修士,如此说道。他在我心中激起了巨大的好奇,我强烈地想知道这个人的身份,因此我把他拉到一边;在与他后来进行的谈话中,我知晓了他的名字。我从没见过他,但他的

名字早已如雷贯耳。

［8］当他意识到我完全被他所吸引，体验到我听他说话的热情时，从口袋里掏出一本书，递给我，这是对我极大的信任。他说："这是我的作品的一部分，你可能从来没见过。我把这个留给你们（修士）作为纪念，希望你们牢牢地记住我。"

［9］接过这本书，我怀着感激之情把它放在膝间，翻开，读了起来。当着他的面，我完全沉浸其中。当我发现这本书是以俗语写成时，表现出了惊讶之情；他问我为何如此诧异，我回答道：我惊叹的是书中的语言。首先，我几乎无法想象能用俗语表达如此崇高的思想；其次，给如此深刻的含义披上这样一件粗俗的外衣，似乎不甚合宜。

［10］他回答："你的评价确实合情合理。当这一意图的种子开始发芽时，也许是上天的意志，我挑选了（恰恰）合适它的语言。*我不仅选择了这种语言，还用它来作诗：我将吟咏那最遥远的国度，在那流动的世界之外，/它无比广阔，向灵魂敞开大门，根据每

---

* 这种语言指拉丁语。下文中的"我将吟咏……给予奖赏"（Ultima regna canam, fluvido contermina mundo/spiritibus que lata patent, que premia solvunt/promeritis cuicunque suis）是拉丁文诗体。

个人的功劳/给予奖赏。

[11] 然而,重新考虑到现今世界的实际情况,我看到杰出诗人的篇章被弃若敝屣。这类作品在最好的年代,本是为身处高位之人而写的,但如今,这些人却抛弃了文学艺术(七艺)。因此,我决定将这美妙的抒情诗(lirulam)放在一边,而采用另一种适合现代人的语言进行写作。毕竟,把需要咀嚼的食物提供给还在吃奶的孩子,是毫无意义的。"

[12] 说完这番话,他十分友善地补充到,如果(我们修士)有时间完成类似任务的话,让我给这部作品加上短注释,然后一并寄给您。

[13] 我照他的话这么做了;如果我没能展示出作者言词之下隐藏的一切,我也(至少)努力尝试过了。根据您这位好友的要求,我现在将这部作品寄给您。若其中仍有不明之处,请您归咎于我的不足,因为我们必须承认,这部作品本身无疑是完美的。

[14] 尊敬的阁下,若您以后想要这部作品的另外两个部分,以收集完整的版本,请您向莫罗埃隆侯爵索要第二部分,而最后一个部分则在显赫的西西里国王费德里科手中。正如作者向我保证的那样,在考虑了整个意大利之后,他决定将这部作品分成三个部分,献给你们三人。

把"伊拉罗修士的问题"及定义的讨论（关于这个问题，我赞同上文引述的 Bellomo 文章中的观点）放在一边，我将集中关注该信对诗人"生平"的启示。根据伊拉罗的说法，但丁出现在卢尼主管教区，是为了去往"山的那一边"，即波河河谷地区。那么显然，他是从卢卡或比萨出发的：这两个城市当时都处于乌古乔尼的控制之下，这封书信正是寄给他的。因此，修士寄信的时间应该在 1313 年 9 月 29 日（乌古乔尼占领比萨）或 1314 年 6 月 14 日（征服卢卡）之后；在另一方面，书信的写作时间一定早于 1315 年 4 月 8 日（莫罗埃隆·马拉斯皮纳去世的日子）。总之，我们可以设想，皇帝去世时，但丁身处吉伯林派的比萨，并在一年之后，决定前往波河地区寻求庇护（维罗纳？）。但我们不应该忽略一个非常重要的不合实际之处：身在比萨或卢卡的但丁，为何不亲自将作品的第一部分（即《地狱篇》）交给乌古乔尼，反而让一个萍水相逢的修士转交呢？但丁为何不随作品附上一封他自己写的信？此外，科尔沃角也不在法兰契杰纳（Francigena）之路上（经过萨尔扎纳—蓬特勒莫里—奇撒—福尔诺沃的道路）：但丁必须绕道才能到达修道院所在地，正如伊拉罗所说的那样。

伊拉罗在信中称，作者将《地狱篇》献给乌古乔尼（文本中丝毫没有暗示这一点，但丁本人在其他作品中也从未提及），《炼狱篇》献给莫罗埃隆·马拉斯皮纳（这一点非常可信，原因参第20章），而《天堂篇》则由西西里国王费德里科收藏。然而，不管在《论俗语》《飨宴》（参第17章与第19章），还是《天堂篇》（第19曲与第20曲）中，但丁对费德里科的批评都非常严厉；此外，诗人还在《炼狱篇》中两次提到他（3.116与7.112）：其中的言语也证明但丁不可能将《神曲》的一部分献给这位国王。因此，我们只能假设，在费德里科全心全意协助亨利皇帝的那几个月里，但丁曾想过将《天堂篇》献给这位国王，并且，在他完成《地狱篇》时（1314年年末），他仍没有改变想法，因为彼时费德里科和乌古乔尼正联合对抗安茹军队（Indizio，2006，pp. 231-2）。

然而，俗语和拉丁语的问题才是伊拉罗信中的核心内容。翻阅了《地狱篇》的"小抄本"后，修士表现出了惊讶与困惑：作者竟使用俗语谈论如此高深的话题。诗人的回应是，他一开始确实打算使用拉丁语写作（他还为修士朗诵了前两行半），但身处高位之人（包括乌古乔尼在内！）无法理解俗语之外的其他语言。在某种程度上，这一说法可被视作《飨宴》第1卷中的思想的消极版本。伊拉罗向但丁提出了一个历史－叙事诗的"语言问题"，这位修士的措辞与乔凡尼·德·维尔吉利奥在第一颂诗中的非常相似：只在洛瓦托·洛瓦蒂（Lovato Lovati）与阿尔贝提诺·穆萨托（Albertino Mussato）等重要的"前"人文主义者抛出仿效古人的总体设想之后，此二者才有可能使用这些术语提出这一问题。

乔凡尼·德·维尔吉利奥的观点也为解决"伊拉罗"在信中提出的语言问题指明了一条可循之道。伊拉罗故事中的所有不合逻辑之处，都可以归因于他的空想或愚钝（他可能杜撰了某个细节，也可能误解了某些但丁的观点，Padoan，1993，p. 12）。但信中但丁的诗，要么是真的，要么是假的；因此，如果这两行半的诗是虚构的，那么书信就不可能是真实的。

在缺乏上下文的情况下，要赋予两行半的诗歌某种含义，并非易事。"最遥远的国度"（Ultima regna）可以指"天堂"，或人的"墓地"（地狱和天堂），或"最远的地区"。更难以捉摸的是"流动的世界"（fluvido mundo），学者们各显神通："水晶天"（Rajna），"水圈"（V. Biagi，因此"国度……之外"指的就是地狱了），"海洋半球"（Brugnoli），"旋转的宇宙"（Padoan），"注定消亡（caduco）*的世界"（来源于塞内卡对这个词的一种解释，*Ep. ad Luc.* 58，24："[人]是一种流动[fluida]而注定消亡[caduca]的物质……而世界[mundus]则是永恒而不可战胜的"）。贝洛莫（Bellomo）翻译为："我将歌颂那最

---

* 与"永恒"相对。

远的国度，它在凡人的世界之外，它广阔无边，向灵魂张开双臂，根据每个人的功绩，给予奖赏。"我认为这是最准确的版本。然而，不管最符合两行半诗作者的思想的是哪一个版本的翻译，如果我们将伊拉罗信中的"但丁"诗行与乔凡尼-但丁互通诗歌中的两段进行对比，就会发现一些意义非凡的巧合：

［乔凡尼·德·维尔吉利奥］

Pyeridum vox alma, novis qui cantibus **orbem** | mulces **letifluum**, vitali tollere ramo | dum cupis, evolvens triplicis **confinia** sortis | indita **pro meritis** animarum – sontibus Orcum, | astripetis Lethen, epyphebeia **regna** beatis –, | tanta quid heu semper iactabis seria vulgo, | et nos pallentes nichil ex te vate legemus? |Ante quidem cythara pandum delphyna movebis, | Davus et ambigue Sphyngos problemata solvet

［但丁］

Tunc ego: Cum **mundi circumflua** corpora cantu | astricoleque meo, velut infera **regna, patebunt**, | devincire caput hedera lauroque iuvabit

但丁的生平

[伊拉罗信中的但丁]

Ultima *regna* canam, *fluvido contermina mundo*, | spiritibus que lata *patent*, que premia solvunt | *pro meritis* quicunque suis

127 乔凡尼·德·维尔吉利奥写道:"噢!缪斯女神的声音啊,你想用那闻所未闻的诗行,抚慰这**凡人的世界***(即关怀这罪恶的世界[letifluus 是 letifer 的变体]),并用长生草枝(埃涅阿斯摘取的金枝,即诗歌)宽慰它,你描绘了那三个互为边界的地带**,灵魂**根据生前所为**,注定前往其中的一个——恶魔(Orco)等待着有罪的幽魂,要向上攀登前往天国的将迎来忘川河(Lete),而有福的灵魂则迈入那比太阳还高的**国度**——你总是向平民大众抛出如此深刻的言语,噢!先知!而我们这些诗人却在你那里一无所获?在此(那些无知的人能够理解你的诗歌)之前,你能先感动一只海豚(就像神话中的阿里翁***一样),奴隶达沃能先解

---

* mondo della morte 直译应为"死亡的世界""有死的世界",指的是与神的永恒存在相对的凡人世界。
** 指地狱、炼狱、天堂:这三界相接,互为边界。
*** 传播最广的传说是,琴手阿里翁(Arione)曾被所乘船上的水手劫持,于是被迫跳海,有一只海豚被他的歌声打动,把他救上岸。

出斯芬克斯之谜*。"

但丁回答:"当我的诗歌使那些**绕着世界旋转**的天体和那些天国(最高天)的居民,像低处**国度**中的幽魂一样,**显露**出面目时**,我将高兴地戴上常春藤与月桂冠"。

在语言表达层面上,伊拉罗信中的诗行与乔凡尼-但丁的互通诗歌有许多相似之处,这一点不容忽视:regna…contermina(国度……之外)是confinia…regna(互为边界……国度)的特殊变体,fluvido mundo(流动的世界)可以解释为 orbem letifluum(凡人世界);二者一道,可以使人想起 mundi circumflua corpora(绕着世界旋转的天体)。总体来看,伊拉罗信中的两行半诗一共有 17 个词,其中有 10 个与乔凡尼-但丁互通诗歌的文本有联系。比例之高,排除了巧合的可能性(除非我们能找到一首中世纪拉丁文诗歌,其中有 10 个词语与那伊拉罗的两行半诗重复),证明了二者间的互文性联系(relazione intertestuale)。显然,伊拉罗的两行半诗与但丁诗歌之间的互文性联系不能证明

---

* 这一典故出自罗马共和国时期剧作家泰伦提乌斯(Terenzio)的喜剧《安德罗斯女子》(*Andria*)。一位名叫达沃的奴隶说:"我是达沃,不是俄狄浦斯!"(Davus sum, non Oedipus)。俄狄浦斯因解出斯芬克斯之谜而被认为是智慧的象征,剧中人物想要表达的是,自己只是个蠢笨的奴隶,自然无法胜任聪明人之事。

** "绕着世界旋转的天体"与"最高天的居民"指天堂,"低处国度"指地狱与炼狱。意思是,当《天堂篇》像《地狱篇》与《炼狱篇》一样,公开发表,为人所知时。

什么，真正关键之处是它与乔凡尼诗歌之间的联系，因为没有证据可以证明乔凡尼知道但丁的一部诗作曾以拉丁语开头（incipit）；否则，他一定会在斥责但丁选用俗语写作《神曲》时提到这一点。但如果我们排除了乔凡尼了解"我将吟咏那最遥远的国度……"这两行半诗的可能性，就必须得出结论，伊拉罗信中诗的作者不仅在文本层面借鉴了上述乔凡尼与但丁的诗歌，还在意识形态上参考了他们的思想。总之，这两行半诗的写作时间晚于1320年，伊拉罗的书信并无真实可靠的依据。但要说这封书信是有人不怀好意伪造出来的，似乎过度夸张了；我认为，这应该是一个高水平的课堂训练成果，题目是"但丁如何回应人文主义者对《神曲》使用俗语的反对"。

贝洛莫指出，乔凡尼·德·维尔吉利奥与但丁谈论时事时，曾提起乌古乔尼："快，说说那些花，那些农夫采摘的百合！"（v. 27）薄伽丘将"农夫"注释为"乌古乔尼"（uguicio）。在"伊拉罗"的书信中，但丁将《神曲》的三个篇章依次献给三位大人物，他们的社会地位一个比一个高：首先是领主，领主之后，是一位出身古老家族（马拉斯皮纳）的君主，君主之后，是一个国王。费德里科是当时唯一一位支持帝国的国王。这一巧合完美得出人意料：乌古乔尼处在权力的巅峰，莫罗埃隆尚在人世，费德里科正与安茹军队作战。如果我们假设，这不是好运的偶然事件，诗作者也没有超群的年代学能力，那么就必须承认，在写这封书信时，作者所处的环境使他能获知但丁的三份献词，以及他在1314—1315年的一趟科尔沃角之旅的相关信息。至于地点的选择，则可以借助《炼狱篇》3.46-51来解释。

在《地狱篇》的传播过程中，我们所知最古老的文本痕迹来自1317年上半年。彼时，在博洛尼亚，一位名叫提耶里·达·圣吉米尼亚诺的书记员，为测试羽毛笔，在一份记录犯罪行为的公文上顺手写下了第3曲的94—96行。当时城市的行政长官是尼科洛·德·班迪尼。在同一份公文中，提耶里还写下了103—104行与第5曲的16—17行，虽然字迹几乎难以辨认。但丁的诗句出现在1317年的博洛尼亚，即便只是偶然，依旧象征性地预见了这座城市在《神曲》首次传播过程中的核心地位。虽然这份博洛尼亚的文书是一个"孤例"（unicum），没有其他可参照的文献；虽然，这位但丁的早期读者提耶里是托斯卡纳人，就像弗朗西斯科·达·巴尔贝利诺一样。但不可忽视的是，自1287年起，博洛尼亚公证员就开始研究但丁的诗歌，他们能完整地引用他的十四行诗，或抒情诗中的某几节（例如，1292年，就有人引用了以"懂爱的女人"开头的十四行诗中的一节）；此外，1306年6月15日，博洛尼亚行政长官还得到报告，"一本写在羊皮卷上，名为《新生》的书"被盗（Livi，1921，p. 65）。

29 《炼狱篇》成稿（1314—1315）

　　同样，《炼狱篇》的写作年代也在两个时间点之间摇摆：可靠的是 1308 年 10 月 6 日的科尔索·多纳蒂之死（记载于 24.83），而充满争议的那一个则要晚得多。在第 23 曲 106—111 行中，福雷塞·多纳蒂预言，佛罗伦萨的女子将"在那些如今（1300）用催眠曲哄着入睡的人／两颊长出胡须之前"（即如今的新生儿长成少年之前），遭受一场巨大的不幸。这一暗示没有精确到"年"，但符合 1315 年 8 月 29 日佛罗伦萨人在蒙特卡蒂尼（Montecatini）遭受的那场血淋淋的大败（参 Indizio，2003）。

　　亨利之死并未终结托斯卡纳地区的战事。在成为热那亚的皇帝代理人之后，乌古乔尼·德拉·法焦拉于 1313 年 9 月 20 日征服了比萨，出任这座城市的行政长官及人民首领。1314 年 6 月 14 日，在卡斯特鲁乔·卡斯特拉坎尼的帮助下，乌古乔尼控制了卢卡。他还得到了路易四世的支

29 《炼狱篇》成稿（1314—1315）

持，在瓦尔达诺低地（Valdarno inferiore）继续与佛罗伦萨人战斗。最终，他在蒙特卡蒂尼获得了最后一次胜利，敌方是圭尔夫派的部队，其中包括安茹王朝的君主与骑士（1315年8月29日，见上）。1316年4月10日，由于未能成功镇压发生在卢卡与比萨的一场暴动，乌古乔尼只好逃亡：他经过马拉斯皮纳的领土，抵达伦巴第地区，之后来到了维罗纳，在坎格兰德·德拉·斯卡拉的宫中避难休整。

1313—1315年，但丁身在何处？按照维兰尼与布鲁尼的说法，但丁在亨利死后，依旧在卡森提诺周围游荡，直到动身前往维罗纳。根据"伊拉罗"提供的信息，诗人曾在比萨或卢卡停留（参彼特拉克的说法，第25章）。此外，在教皇克莱蒙特五世死后（1314年4月20日），诗人曾经公开发表过一番强硬的讲话，其中有一个细节也可以证明他当时在"西边"*。由于红衣主教们分裂成加斯科尼人（在人数上占优势）、意大利人与法兰西人三派，新教皇的选举从一开始就举步维艰。红衣主教选举教皇的秘密会议于5月初召开；7月24日，意大利人出逃，会议中断。11月24日，法兰西国王腓力四世去世。直到1316年春天，他的继任者路易十世（Luigi X）才终于再次召集红衣主教，重启秘密会议：8月7日，若望二十二世当选；与此

---

* 即卢卡、比萨附近。

同时,菲利普五世(Filippo V)戴上了法兰西的王冠(Ch. Trottmann,*DBI*,55,pp. 611-2)。但丁给意大利红衣主教写信,恳求他们选出一个"拉丁"*教皇,使罗马至少重获一个向导——当下的罗马既没有皇帝,也没有教皇(10)。由于但丁在信中称,秘密会议"已经开始",再加上他愤怒的主要原因还是之前克莱蒙特的当选("你们是这腐化堕落的始作俑者"),这封书信似乎应写于选举教皇秘密会议的第一阶段,即1314年五六月间。因此,从探究诗人生平的角度来看,他对卢尼地区大主教的挑衅与讽刺有一定的重要性:"与你[=基督的教堂]沾亲带故的,不是上帝之爱(caritas),不是正义女神阿斯特赖亚**,而是吸血蚂蟥的女儿;除了卢尼主教,其他所有人都展示出他们生了什么样的儿子。"(7)时任卢尼地区主教的是盖拉尔迪诺·马拉斯皮纳(F. Ragone,*DBI*,79),他在1312年5月当选,是安东尼奥·达·卡米拉的继任者。由于与亨利七世和皇帝代理人圭多·诺韦洛发生冲突,盖拉尔迪诺在1313年2月遭到流放,并被迫提前逃往富切基奥与佛罗伦萨(并于1318年1月在这座城市去世)。书信中对主教的挖苦与嘲讽暗示了诗人在1314年五六月间,曾经近距离接触到这

---

* 指意大利人。
** 阿斯特赖亚(Astrea):希腊神话中的正义女神,后来她被与另一位正义女神狄刻(Dike)相混同,并成为后者的别名。

29 《炼狱篇》成稿（1314—1315）

一事件——我们不禁想起莫罗埃隆·马拉斯皮纳在自己的宫廷中对但丁的热情接待，诗人可能在这位马拉斯皮纳领主身边得知主教的所作所为。1315年4月8日，莫罗埃隆去世，其子曼弗雷迪·马拉斯皮纳继承了领主之位，然而，对但丁而言，庇护人的离世即意味着失去庇护。

无论在卡森提诺，还是卢尼贾纳，诗人都专注于能使自己重获名誉、返回故乡的研习与写作。书信十二《在你们的信中》（*In litteris vestris*）可以证明这一点。收信人是一位教士，他是诗人的外甥（"你们和我外甥的书信"）；按照皮亚托利（Piattoli, 1969, pp. 85-97）的假设，这位收信人是拉波·里科曼尼与塔娜·阿拉吉耶罗之子，方济各会修士伯纳多。1315年5月19日，与乌古乔尼作战的佛罗伦萨政府颁布了一项赦免政策：流放者只要缴纳一笔罚款，并接受一个羞辱性惩罚（oblatio，每年的6月24日到圣约翰洗礼堂"进贡"*），就可以返回故乡。但丁轻蔑地拒绝了，但他的话却表现出对重获赦免的期待：

> 这就是你们赐予但丁·阿利吉耶里的恩典？流亡15年之后，你们就这样召他回到祖国？所有人都知道

---

* 具体仪式是，流放者手持蜡烛，头戴纸冠（上面写着姓名与罪行），步行前往圣约翰洗礼堂。

他是无辜的。他经历了一切艰难，他被迫中断学习与写作，就只配得到这种赦免？与哲学同行的人是无法与荒谬、低劣的灵魂掺和在一起的。

但丁也许幻想着，1315年的佛罗伦萨执政者会原谅他在1311年写下的支持亨利的书信；然而，作为当下乌古乔尼的拥护者，他不会奢望自己被体面地召回祖国。因此，书信十二证明了自1314年到1315年春天，诗人刻意与各类斗争保持距离，就是希望能以一种光荣的方式回到祖国。然而，在拒绝赦免之后，但丁与他的孩子们被先后判处死刑（1315年10月15日与11月6日）：他必须找到一个更可靠、离佛罗伦萨更远的庇护之所。我想从另一个角度补充一点：为了写作《天堂篇》，诗人需要很多在卡森提诺或卢尼贾纳无法找到的书；同时，由于他所需材料的范围极广，即使他记忆力超凡，也无法弥补。

30 《炼狱篇》的传播(1315—1317)

我们可以在一个成稿于 1316 年 3 月 25 日到 1317 年 3 月 24 日间的手抄本(ms. Laur. Martelli 2)中,读到安德里亚·兰奇亚(1295?—1348)的《埃涅阿斯纪》俗语译本;其中有一处(II 793)毫无疑义是对《炼狱篇》2.81 的引用:"我曾三次试图拥抱她,却次次徒劳地抱在了自己的胸膛上。"有趣的是,但丁的这行诗本身就改写自维吉尔文本中埃涅阿斯与妻子克列乌莎告别的片段:兰奇亚引述了但丁对维吉尔的改写,来翻译维吉尔的原文。值得注意的是,兰奇亚采用的表达方式(mi tornai con esse)与雅各布整理的《神曲》"原型"中的不同,但可与一组成稿时间晚于 1325 年的佛罗伦萨手抄本联系起来。因此,我们可以假设,在《炼狱篇》最初几曲首次流传(兰奇亚在 1316 年引用了这个版本,此后,上述佛罗伦萨手抄本收录的也是这个版本)之后,作者本人对这一表达方式进行了改动,这一改动连同《炼狱篇》的定稿一起，由雅各布收录在"原型"中（Inglese，2012，p. 170）。

奇阿波罗·乌古基耶里版的《埃涅阿斯纪》俗语译本确实使人想起《地狱篇》第6曲（"刻尔勃路斯，可怖又残酷的野兽"等）与《炼狱篇》第30曲（"我认出了旧日的火焰"）。然而，在兰奇亚引用但丁诗歌之处（Ⅱ 793），奇阿波罗只是逐字翻译了拉丁语原文。瓦雷里奥（Valerio，1985）认为，奇阿波罗的俗语译本早于兰奇亚；而西格尔（Segre，1980，p. 569）则持相反意见。

在锡耶纳市政厅的壁画《圣母殿下》（*Maestà*）中，也能找到关于《炼狱篇》（23.88与28.55-58）的痕迹（参Brugnolo，1987）。这幅壁画包含了一首十一音节诗（endecasillabi：ABABCBC，ABABCBC），其中"天使的**花朵**（fioretti），玫瑰与百合/装点着天国的草场［……］我亲爱的人啊，请你们记住，/因你们那**真诚虔敬的祈祷**（devoti vostri preghi onesti）/**我将满足**（farò contenti）你们所愿"参《炼狱篇》23.88"用她**虔敬的祈祷**（prieghi devoti）"和28.55-58"她在朱红色与黄色的/**花朵**（fioretti）上，就像那样转向我，/像少女一样低垂着**害羞的**（onesti）*双眼，

---

*　此处的"害羞"与上文的"真诚"是同一个形容词：onesti。本义为"真诚"，但在《炼狱篇》的诗句中应解释为"害羞"。

/ **满足了我所祈祷之事**(fece i prieghi miei esser contenti)"。这幅壁画的完成时间是"1315年之后那一年的6月"。按照比萨历法(当时锡耶纳也遵循这种历法),"1315年"指1314年5月25日到1315年5月24日这一段时间,因此,上述所谓的"1315年之后那一年的6月",换算成我们今日的历法,正是1315年6月。

与《地狱篇》一样,关于《炼狱篇》的最早证据也出现在博洛尼亚:"大约在14世纪前20年"(Orlando,2005,p. XLVI),为了测试羽毛笔,有人在一张小纸片上写下了《炼狱篇》开头的第一句:"为了一片更平静的海域,扬起篷帆"(*per corramilor aigua alzai le vele*);20世纪初,学者发现这张小纸片属于一份1319年的公文。

就但丁的《地狱篇》与《炼狱篇》而言,"公开发布、出版"(pubblicazione)一词的使用范围很广。以我们刚刚看到的那一行诗为例,很可能就是但丁在一群朋友间(比如迪诺·第·兰博图奇奥与弗朗西斯科·达·巴尔贝利诺)以"小抄本"的形式"公开"了其中的几曲,然后这些朋友再进行抄写与传播的结果。但严格来说,《炼狱篇》全文的"公开发布"应是一件正式的事,至少该有题献("伊拉罗"的信证明了这一点,虽然献给乌古乔尼这件事本身并不可信),或一场庄重的诵读,就像1315年阿尔贝提诺·穆萨托的《埃切里尼斯》(*Ecerinis*)发表时一样——

但丁在写作《天堂篇》12.1-12时，肯定想起过那个诵读穆萨托文本的盛大仪式。然而，关于《地狱篇》与《炼狱篇》，我们既没有发现题献的消息，也没能找到诵读的痕迹。根据上述菲利普·维兰尼的间接证据，可以推测，诗人在1313年到1315年间忙于完善这两个篇章："亨利皇帝去世后，一切返乡的希望都破灭了，（但丁）**全身心投入写作，意在完成这部作品**。之后，他来到卡森提诺，在这里，他与那些同伴度过了好几年的时光，**写作并公开发布（edidit）了这部作品的一大部分**。后来，他出发前往维罗纳。"事实上，在人文主义时期，"edere"一词有多重含义：既是"公开发布、发表"的同义词，也意味着"创作"（Rizzo，1984，pp. 319-22），维兰尼段落中的"edidit"很可能就包含了这两重含义。

在解释维兰尼的过程中，我认为，就内容而言，但丁在去往维罗纳之前就已经"完成"《炼狱篇》的写作了（参Indizio，2004，p. 51）。出于对阿尔博伊诺·德拉·斯卡拉的憎恶（在 *Cv* IV XVI 6 中表露无遗），诗人连带着怒斥他同父异母的兄弟朱塞佩（于1314年1月26日之前去世），给他们的父亲阿尔贝托（于1301年去世；参 *Pg* 18.121-126）定罪，还借伦巴第人马可之口，谴责整个"阿迪杰河与波河流经"地区*的人的恶劣品行（*Pg* 16.115 及以下）。

---

*　指波河平原。

30 《炼狱篇》的传播(1315—1317)

但丁甚至扬言,在这个充满恶行的地区,只有"好人格拉多"·达·卡米诺与他的女儿盖娅是例外,这无疑表明,斯卡拉家族也是诗人斥责的对象。显然,此时的但丁还未投靠坎格兰德·德拉·斯卡拉。正如我们接下来将看到的,书信十三与第 17 曲中对坎格兰德的颂扬(vv. 70-93)可以证明,维罗纳岁月的成果是《天堂篇》,而非《炼狱篇》。我认为,但丁与卡恰圭达之间关于应将"所见"不加粉饰地揭露出来,不该做"真理胆怯的朋友"(17.118)的对话,在某种程度上,是为了解释诗人之前对斯卡拉家族严厉的批判——而对这些刺耳的批判本身,诗人只能修正其内容,却不能撤回,因为这一切早已广为人知。

31 维罗纳（1316—1319）

书信十三《赞颂您的慷慨》（*Inclita vestre Magnificentie laus*）是一份十分珍贵却又充满争议的文献，我们可从中一探诗人与坎格兰德（生于1291年，自1311年起独揽大权）之间的关系。这封书信的抬头是："致伟大的胜利之士，坎格兰德·德拉·斯卡拉，维罗纳与维琴察的恺撒君主代理人。他极忠诚的但丁·阿利吉耶里，平民出身，佛罗伦萨人……"正如16、17世纪的手抄本向我们展现出的，这封书信可明确分成几个性质与质量都全然不同的部分。第1—12段是题献"小诗"（epigramma），诗人将《天堂篇》献给坎格兰德；第13段是过渡段落（一些15世纪的手抄本只记录到这一段为止）；第14—41段是对《神曲》全篇与《天堂篇》的一种"导读"（accessus）；第42—87段是对《天堂篇》1.1-35的"详论"（expositio），其中，只有第86—87段是用于阐释 vv. 13-35 的；第88段解释了中断上述"详论"的原因;第89—90段包含了对《天堂篇》内容的极简概括("以上帝作结")。❶这封信没有落款。虽然记录了这封书信的手抄本完成时间很晚,但最近的研究证明,安德里亚·兰奇亚在14世纪40年代亲手写下的《神曲》注释就已经证实了这封书信的存在(佛罗伦萨国家图书馆ms. Ⅱ Ⅰ 39):"**根据作者本人写给坎格兰德·德拉·斯卡拉阁下的书信,这篇**[即《天堂篇》]**主要可以分成两个部分**"(Azzetta,2003)。兰奇亚提供的证明,虽然就其本身而言非常重要,但仍无法说服一些心存怀疑的学者(包括我本人在内):我们认为,书信的第13—90段是后人伪造的(参Inglese,2000,2004)。我的观点是,没有理由怀疑"题献",即前12段的真实性。简而言之,兰奇亚读到的书信文本,包括(出自但丁本人之手的)题献,以及由一位不知名的"神学家"撰写的"导读"(包括注释的附录,第14—41段),这两个部分是从一个献给坎格兰德的《天堂篇》前几曲的手抄本中摘录下来的,并由第三个人"出于善意"(dolo bono),进行重组润色。

我们不知道这封书信的写作时间。帕多安(1998)尝试证明,文本中的"恺撒君主代理人"指的不是亨利(**皇帝**)的代理人(然而1317年3月16日[神圣帝国的代理

---

❶ 我使用的是最新的段落划分方式;之前的版本将这封信分为33段。

人]与1319年7月19日[皇帝代理人;*MGH*, *Const.*, V, pp. 339, 440]的公文❶都可以证明, 坎格兰德是亨利皇帝的代理人), 而是奥地利公爵(**君主**)腓特烈三世(当选皇帝, 罗马人民的国王)的代理人。因此, 根据帕多安的说法(他并没有提供相关的文本证据), 坎格兰德应在与腓特烈三世的关系变质(1320年五六月)之前, 担任代理人一职。然而, 通过更仔细的观察, 我们可以发现, "恺撒君主代理人"这一表达本身只是坎格兰德的"皇帝代理人"头衔的另一种叫法而已: 例如, 罗马加冕仪式后, 在有关亨利的文献中, 有时用形容词"恺撒的"(cesareus)代替"皇帝的"(imperialis)(参 *MGH*, *Const.*, IV, pp. 907, 927); 值得注意的还有, 在1319年7月19日的文献中, 坎格兰德刻意强调了自己的头衔(维罗纳与维琴察的皇帝代理人)与格里齐亚伯爵(特雷维索的国王代理人)的区别。况且, 在但丁作品中, "恺撒"即指皇帝(*Pd* 6.10, 16.59 等)。

除了这个细节, 书信的题献部分没有提供其他可以推断年代的信息。❷ 但丁浓墨重彩地描绘了坎格兰德的名望:

---

❶ 还可以加上1317年6月23日坎格兰德作为"神圣帝国的维罗纳与维琴察总代理人"与威尼斯签订的条约。

❷ 舍弗-布希斯特(Scheffer-Boichorst, 1882, pp. 94-5, 113)将书信的写作时间提前至1318年12月16日, 坎格兰德在那一天开始担任吉伯林派联盟首领。总之, 他们采用的"无反证"论据是不成立的。

31 维罗纳(1316—1319)

这位领主的盛名使诗人来到他的宫廷时,就像拜会所罗门王的示巴女王,就像为了亲眼看看佩格索斯之泉前往赫利孔山的帕拉德一样。*而对于自己从中实际获得的利益,诗人只是审慎地点到为止("我目睹您向人施以恩惠,同时我自己也深有体验","为了回报我多次获得的好处")。书信将《天堂篇》全文献给坎格兰德:

> 除了《神曲》中以"天堂"为题的至高篇章,我找不到任何其他事物能配得上您的崇高;我将这一篇章与这封作为题献的书信一道献给您。(11)

卡恰圭达称,坎格兰德将是但丁流放途中的贵人(*Pd* 17.88),这封书信完美地呼应了这一说法:这两条线索证明了《天堂篇》确实是献给坎格兰德的。然而,这并不意味着但丁确实随"题献"附上了《天堂篇》全文(参第33章)。根据信尾的注释推断,信中应该只有第1曲;而书信的语气似乎暗示着,诗人既不打算马上离开维罗纳,

---

* 第一个典故出自《圣经》:根据《旧约圣经》"列王纪上"第10章,非洲的示巴女王因为仰慕所罗门的智慧,不惜纡尊降贵,亲自前往以色列拜访这位国王。第二个典故则出自奥维德:根据《变形记》V 254以下,智慧女神帕拉德前往缪斯女神的住地赫利孔山,想亲眼看看飞马佩格索斯用蹄子(Ⅳ 772)踢来的那股新泉。

《天堂篇》的写作也还没有进入尾声（Billanovich，1965，p. 11）。就这一点而言，我们无法从但丁对"吉伯林派人士"的痛斥（*Pd* 6.103-8）中得出任何结论：按照诗人一贯的思想倾向，他明确地将对帝国的忠诚（坎格兰德是旗帜性人物）*与派系斗争分开看待。彼得罗基认为，卡恰圭达对坎格兰德的赞颂意味着告别：这一释读十分微妙，但忽略了中世纪写作的政治环境。事实上，宫廷诗人对领主的颂扬是二者交往中一个必不可少的环节。

1316年8月7日，若望二十二世当选教皇，这是《天堂篇》明确提到的最晚近历史事件（27.58）。此外，第18曲130行的省略号（"但你写下……只是为了以后删去"）**可能受到教皇在1318年4月6日宣布将坎格兰德逐出教会这一事件的启发：在1319年与1320年，教皇曾两次正式将这位领主逐出教会（G. M. Varanini，*DBI*，37，p. 398）。事实上，相对《地狱篇》与《炼狱篇》而言，《天堂篇》与现实事件之间的联系并不那么紧密。诗人的态度逐渐改变，贝亚特丽切宣布最后一则"预言"时的用语证明了这一点："你想，人间无人治理，/因此人类走入歧途。/但由于人间忽略了一天的百分之一，/**一月将不属于冬季，**/在

---

* 正如上文反复提到的，坎格兰德是吉伯林派联盟首领。
** 这话是对若望二十二世说的：这位教皇写下被逐出教会的人的名字，为了在收到贿赂后再删去；逐出教会成了他敛财的手段。

31 维罗纳(1316—1319)

此之前,/高天将雷声大作,/那使人等待已久的暴风雨,/将打在那些小船上,使它们的船尾转到船头的位置,/朝着正确的方向航行……"*(27.140及以下)预言的含义一如往常:神意即将降临(参27.63);然而,这一表达方式过于夸张(七千多年后,春分提前至12月31日),也过于模糊。

---

* "无人治理"指既缺乏精神领袖(教皇),也没有世俗领袖(皇帝)。"由于人间忽略了一天的百分之一,一月将不属于冬季":自罗马时期,人们便开始使用恺撒历,每年有365天6小时,这种算法在实际上比太阳年(自然年)少了13分钟36秒(即但丁所说的"一天的百分之一")。到了但丁生活的年代,春分(本该是3月21日)已经提前到了3月13日,也就是说,再过7300年,春分会提前到12月31日,那么一月也就不再属于冬季,而成了春天。"暴风雨"(la fortuna)与"雷声"一道,指神意的迸发,虽然暴力,却最终指向拯救。

32 拉文纳(1320—1321)

乔凡尼·德·维尔吉利奥与但丁之间的通信为我们指明了《天堂篇》的创作时间。这一证据虽不出自作品本身,却十分可靠。正如我们已经看到的,乔凡尼寄给但丁一首贺拉斯风格的诗(以"缪斯女神的声音"开头),批评他选用俗语写作如此高深的内容。这首诗指出,应用崇高的拉丁语史诗来解说这些晚近的历史事件(vv. 25-29):亨利七世之死,乌古乔尼多次战胜佛罗伦萨人,坎格兰德征服帕多瓦人(1311—1319),以及罗伯特·安茹在利古里亚的海战(1318年7月—1319年2月)。乔凡尼还提到了一场即将到来(或刚刚开始)的海陆战争(vv. 42-43:"阿尔卑斯山为何吼叫?/第勒尼安海之水为何波涛起伏?战神的怒火为何波及山与海?")。诗中描绘的应该是1320年夏季,西西里国王费德里科·第·阿拉贡与罗伯特·安茹之间的战争(参 Villani, X CXII-CXIII)。但丁与乔凡尼曾在"波河

32 拉文纳（1320—1321）

支流间"（"你在波河之间给了我希望，/ 说你要来看望我"）或拉文纳（"波河平静的入海口"）会面，之后，乔凡尼才写下了这首诗。

1320年1月20日，诗人在维罗纳的圣埃琳娜教堂解决了一个在曼托瓦之旅中思考的问题。这个由但丁亲手写下的文本提供了许多确切的信息：

> 致所有将看到这封信的人，佛罗伦萨人但丁·阿利吉耶里，所有真正热爱智慧的人中最渺小的一个，以上帝——这一真理的起源与启示——的名义向你们致以问候。众所周知，我在曼托瓦时，遇到了一个未解的问题，多次辩论都只触及表面，没能探及真理……因此，我想展示真正的解决方案……为了防止嫉妒之人在嫉妒的对象缺席时编造谎言，偷偷捏造事实，我想在这张纸上，亲手用羽毛笔将完整的讨论形式记录下来。讨论的对象是水与地这两种元素的位置与形态。

文本的结尾非常复杂，像是公证文书的落款：

> ……在著名的维罗纳城中的圣埃琳娜教堂，当着全体维罗纳神职人员的面，在坎格兰德·德拉·斯卡拉阁下作为神圣罗马帝国的代理人的统治时期，我，

但丁·阿利吉耶里，最渺小的哲学爱好者，探讨了这个哲学问题……此事发生于1320年1月13日之后的5天（即2月前的第13天），周日。

尽管但丁在1320年1月20日到当年的夏天之间才最终搬到拉文纳（乔凡尼·德·维尔吉利奥的书信就寄到了这个新住地［Billanovich, 1965, pp. 16-7］），但领主圭多·诺韦洛很可能在此之前就与诗人进行了会谈，并达成一致。无论在文化还是政治层面，拉文纳都被视作诗人返回佛罗伦萨的前一站：一方面，《天堂篇》第25曲悲怆地预言了诗人戴上桂冠的时刻；另一方面，圭多是这座城市的统治者，他本身爱好文学，同时非常谨慎地与分裂波河河谷地带的残酷斗争保持距离。维斯孔蒂家族曾用巫术诅咒教皇，但丁在无意中被卷入其中：在某种程度上，这一事件也间接证明了诗人可以借机疏远"帝国一派"。1320年9月11日，米兰的神职人员巴托洛梅奥·卡尼奥拉托在亚维农的法庭上作证，声称在5月亲耳听到加雷阿佐·维斯孔蒂——米兰领主马泰奥·维斯孔蒂之子——说自己曾把但丁叫到皮亚琴察，举行巫术仪式，诅咒若望二十二世早日离世："你知道，我曾让佛罗伦萨的但丁·阿利吉耶里大师到我这里来。"（记载于Biscaro, 1920,

p. 456）❶

让我们回到《神曲》。1320年夏季，乔凡尼·德·维尔吉利奥就已经读过《地狱篇》与《炼狱篇》了（"缪斯女神的声音"，v. 18，暗示了斯塔提乌斯这一人物）。但丁的回复证明《天堂篇》还没开始传播："我将高兴地在头顶戴上常春藤与月桂冠，当我的诗歌使那些绕着世界旋转的天体和那些天国［最高天］的居民，像低处国度中的幽魂一样，显露（patebunt）*出他们的面目。"（vv. 48-50）几行之后（vv. 63-64），为了维护自己在新拉丁语文学界（按照我们文学史的定义，应是"前人文主义"文学）的地位，但丁承诺给乔凡尼寄去十罐（decem vascula）羊奶，即十首效仿维吉尔的牧歌。在牧歌中，诗人自称提图鲁斯（Tityrus），与另一位名叫梅林白的人对话。薄伽丘在他的注释中称，这位梅林白就是"佛罗伦萨人迪诺·佩里尼阁下"（参第21章）。

---

❶ 彼特拉克提到的逸事无法作为证据，他认为，但丁"毫无疑问曾非常光荣，但之后，因为他的言论自由与思想自由，渐渐地失去了统治者（坎格兰德）的欢心"（*Rerum memorandarum libri* Ⅱ 83；Billanovich, 1945, pp. 98-9）。显然，这是对《天堂篇》中一个片段（17.127-129）添油加醋的演绎。当然，但丁与乌古乔尼同时身处维罗纳也提供了一些暗示：1316年4月，在逃到坎格兰德的阵营之后，乌古乔尼于1318年11月1日去世，当时他是维琴察的行政长官，效忠斯卡拉家族。

* 将来时态。

乔凡尼用一首自己的牧歌（这首牧歌以"也许在充分灌溉的"［Forte sub inriguos］开头）作为回复。他邀请但丁到博洛尼亚来，还挑衅地说，如果诗人不来，他将用阿尔贝提诺·穆萨托的诗行满足自己的渴望（v. 88）：乔凡尼暗示的也许是《睡梦》(Somnium)，这是一首描写冥府的六音步诗，以《埃涅阿斯纪》第六卷为原型，写作时间在1319年秋季到1320年年初之间。在第二首，也是最后一首牧歌（以"科尔基斯的羊毛"［Velleribus Colchis］开头）中，出于政治上的恐惧，但丁拒绝了乔凡尼的邀请：一位在诗中被称作"波吕斐摩斯"*的人物将带来暴力。牧歌中以希腊神话怪物为名的人物使人想起《炼狱篇》14.62中"古老的野兽"：嗜血成性的富尔奇耶利·达·卡尔沃里。他是个圭尔夫派，于1321年下半年当选博洛尼亚的人民首领。

从薄伽丘的注释中，我们了解到但丁另一位友人的身份，他在牧歌中被称作"阿尔费西贝奥"（Alfesibeo）："菲杜奇·德·米洛提斯·德·切尔塔尔多，他是一位医生，也是一名教师。"他是乔凡尼·达·波伦塔（圭多的兄弟）的岳父；1322年，他随达·波伦塔家族来到博洛尼亚，并

---

* 波吕斐摩斯（Poliphemus）是希腊神话中吃人的独眼巨人，海神波塞冬之子。也是荷马的《奥德赛》与奥维德的《变形记》中的人物。

于1323年在这里立下遗嘱（A. Accame Bobbio，*ED*，Ⅲ，pp. 957-8）。这首以"科尔基斯的羊毛"开头的牧歌是在"伊奥拉斯"（Iollas）的庇护下完成的："同时，我藏在机敏的伊奥拉斯附近，/他听到所有的事，并把一切都转告我们"（vv. 95-96）；根据薄伽丘的注释，这位隐藏姓名的"伊奥拉斯"就是"圭多·诺韦洛领主"。我的理解是，由于《神曲》已经献给了坎格兰德，但丁想将这十首牧歌献给圭多。

此刻，但丁的人生已进入了尾声。薄伽丘在注释中称，诗人在收到乔凡尼以"也许在充分灌溉的"开头的牧歌之后，"过了整整一年，才完成'科尔基斯的羊毛'的写作，但还没来得及寄出，就去世了"。

33 《神曲》完篇（1321）

薄伽丘在《但丁传》中证实,《天堂篇》是在拉文纳完成的。

[在找回前七曲后]但丁再次全身心地投入写作这部伟大的诗篇,与许多人想象中"一鼓作气,写到结尾"的情况不同,他的写作多次被重要事件打断;有时,他将作品搁置一旁,好几个月,甚至好几年都未动一笔;在死亡突然来临之前,他没能将全文公开发表。但丁有这样一个习惯:每写完六曲或八曲,他都先将稿子从自己的住地寄给坎格兰德·德拉·斯卡拉阁下,这是他最尊敬的人;在坎格兰德过目之后,他会将诗歌抄给任何想读的人。**因为这个做法,除了最后十三曲,但丁将整部作品都分批寄给了坎格兰德:尽管这十三曲已经完成,但诗人还没来得及寄出,也**

33 《神曲》完篇（1321）

未留下其他安排，就去世了。他去世后，他的孩子与学生在他的稿纸堆里找了好几个月，想看看他有没有写下结尾，但一无所获，他们怎么也找不到那最后的十三曲。他的朋友们无不为此感到惋惜：上帝给但丁的时间太少，甚至不容许他完成最后的那一小部分。由于始终无法找到结尾部分的稿子，他们都非常沮丧。但丁的两个儿子，雅各布与彼埃特罗都是诗人，在朋友们的劝说下，他们决心完成父亲的作品，至少努力不让它成为一部未完之作。而就在此时，在更热衷此事的雅各布眼前，出现了一个幻象：这幻象不仅否决了一直以来的蠢笨推测，还向他展示了《神曲》最后十三曲稿子的位置。（183-185）

让我们暂时将"幻象"那一部分搁置一旁；需要注意的是，薄伽丘在文中将《天堂篇》的前二十曲与坎格兰德联系在一起，与后十三曲分开看待。他声称但丁将诗歌"寄给"坎格兰德，是因为他坚持认为，亨利皇帝一去世，诗人就前往罗马涅阿地区，并在那里定居（*Tratt.* 79-81）*；而我们能够就《天堂篇》前二十曲与后十三曲的

---

* 正如上文已经提到的，坎格兰德所在的维罗纳属于威尼托（Veneto）大区，而拉文纳属于罗马涅阿地区。

"分离"给出一个不同的解释，并提供文本证据：恰恰在第21曲中，但丁大篇幅描写了拉文纳的圣人彼埃特罗·加尔迪诺，这难道是一个巧合吗？

但丁在1321年9月13日或14日去世，彼时他"刚刚从威尼斯返回，为了执行一件拉文纳领主的外交公务"（Villani, *Cron.*, X CXXXVI：没有其他文献可以证明这趟威尼斯之旅）。根据阿尔贝兰尼（Alberani, 2013）的合理"诊断"，诗人的死因是支气管感染。

在《详论但丁神曲》中，薄伽丘认为，"彼埃特罗·加尔迪诺，但丁在拉文纳最亲密的朋友与仆人之一"见证了但丁人生的最后时日（II 5）。这一次，我们有1311—1348年的公证文书作为证据（Ricci, 1891, pp. 209-11）。其他藏在传说面纱下的消息也因此显得更加可信。

> 一位来自拉文纳的有才之士彼埃特罗·加尔迪诺称，他曾长期随但丁学习。在导师去世后的第八个月的某个夜晚，临近"破晓"时，之前提到的雅各布到他家来拜访，对他说，这一夜，就在此刻之前，他梦见自己的父亲但丁向他走来：他身着白色长衫，面露从未有过的光芒；雅各布似乎问父亲是否还活着，父亲给出了肯定的回答，但称，不是俗世意义上的活着，而是真正地活着。除此之外，他似还问了父亲：在前往真正的生活

33 《神曲》完篇（1321）

之前，他是否完成了这部作品，如果完成了，那么这个他们怎么也找不到的部分，究竟在哪里呢？雅各布似乎再次听到了但丁的回答："是的，我完成了"；之后，父亲牵起了他的手，**把他领进自己生前的卧室**，但丁碰了碰卧室中的某个地方，说道："这里面有你们一直在找的东西。"话毕，雅各布再次入眠，但丁也离开了。为了证实这件事，雅各布不得不马上跑来，说出他看到的一切，然后两人一起前往但丁在梦中指出的位置去一探究竟。雅各布准确地记得梦中的一切，他必须验证这一切究竟是真实的，还是幻觉。还未天明，他们便前往但丁指明的地方；在那里，他们发现有一块蒲席盖在墙壁上。小心翼翼地揭开席子后，他们发现了一个从未见过的小洞。在这个小洞里，他们找到了一些手稿，但由于墙壁的湿气，上面充满了霉点。他们在那里逗留了一会儿，慢慢去除了污迹；然后，他们阅读了这些稿子，**发现其中包含了他们一直寻而不得的最后十三曲**。欣喜若狂之下，他们把这几曲重新抄写了一份，并根据作者之前的习惯，寄给了坎格兰德，然后，再**将这十三曲加在原来未完成的作品后面，恰如其分**。正是由于他们的作为，《神曲》在多年之后，终于完美收官。

这个"找到"最后十三曲的逸闻与"七曲"传说过

于相似，使人不得不对二者都产生怀疑（Gorni，2008，p. 300）。我认为，最乏味的说法也许最可信：但丁过世之后，雅各布与彼埃特罗·加尔迪诺找到了这十三曲的手稿，将它们重新排序，并与《地狱篇》《炼狱篇》，还有《天堂篇》的"维罗纳"部分整合在一起。我们必须考虑到，准备一份精致的《神曲》抄本需要一定的时间：比如，弗雷塞❶整整花了四个月，才为乔凡尼·博纳克尔希抄写了一份《神曲》。有可靠的证据表明，这个故事的主旨是真实的。

在薄伽丘的叙述中，最后十三曲是在但丁去世后的"第八个月"被发现的。1321年9月13日之后的第八个月是1322年4月［原文如此。——编者］。两份手抄本（ms. Braidense AG Ⅻ 5 与 ms. Paris. it. 538）中的记录表明，1322年4月1日❷，雅各布将下面这首十四行诗寄给圭多·诺韦洛：

---

❶ 目前所知最古老完整的《神曲》抄本（1300—1331，现已佚失）出自一位自称"弗雷塞"（Forensis）的抄写员之手。他在誊写完整部作品后，加上了一段所谓的"抄写员后记"。一位名叫路加·马提尼（Luca Martini）的16世纪学者将这一抄本中的内容（包括弗雷塞的署名与"后记"）忠实地记录在一份1548年的印刷版《神曲》上（现藏于国立布雷拉图书馆［Braidense Ald. AP ⅩⅥ 25］）。比拉诺维奇（Billanovich，1947，pp. 162-3）认为，这位弗雷塞抄写员是但丁之妻杰玛的堂兄弟，是圣斯德望教区的教区长。参 Inglese，2009，2012，p. 166。

❷ "由但丁·阿利吉耶里之子雅各布所作，于1322年4月1日献给伟大而智慧的圭多。"

33 《神曲》完篇（1321）

噢，我的阁下，

为了使**我的姐妹**（mia sorella）在她的光芒中，

带来的美好事物，

对那些渴望她的人而言

更易理解，

我寄出**这一划分方式**（questa division presente）。

这个章节能给每个人带来上述的愉悦，

除了那些光芒消逝的人，

对他们而言，记起就是遗忘。

由于您天生的智慧，

您对她〔指《神曲》〕的面目〔即特点〕[1] 非常熟悉，

我把这个划分的章节先寄给您，

如您认为值得，

请您修改、评注：

因为没有人像您一样，

对她的美丽之处真正熟悉。

这是庄严的一日：圭多·诺韦洛在这天就任博洛尼亚的人民首领。雅各布散发光芒的"姐妹"是《神曲》，因为但丁是他们共同的父亲。"这一划分"指的是以三音节

---

[1] 这一释读方式，参 Casadei，2013，p. 50。

诗形式写下的阐释性章节（ternario illustrativo），其开头是："噢，你们由真正的光明／照亮了心智，／这是那旋转高天（alto volume）的最大成果，／为了使你们的天性能更好地洞悉宇宙的存在，／请你们看一看**这部**崇高的**喜剧**（comedia presente）吧。"（Giunti，2007）最后一行暗示了，根据作者的意图，这个章节应随《神曲》附上：最重要的几个手抄本都证实了这一点（例如，在 Ash 抄本*中，这个章节就跟在《神曲》后面）。正如巴尔比（Barbi）指出的（"Bull. Soc. Dant. It.", 4, 1897, p. 160；同意这一观点的还有 Bellomo, 1990, p. 8），圭多有能力"修改"这个划分章节，恰恰因为他已经读过《神曲》。他当然读过：但丁正是作为《地狱篇》与《炼狱篇》的作者，受到圭多的接待。总之，雅各布肯定随这一"划分"章节，一并附上了《神曲》的全文。因此存在两种可能性：其一，雅各布在 1322 年 4 月 1 日给圭多寄去了《神曲》全文，符合薄伽丘所说的"第八个月"；其二，在这首十四行诗之前，他就已经将《神曲》寄给了圭多。

那么，坎格兰德呢？威尼斯人乔凡尼·奎里尼（Giovanni Quirini, 1285—1333）很可能为他写了一首十四行诗：

---

* Ash 抄本指 Ashburnham 828，是一个完成于 1334 年 8 月之前的《神曲》全文手抄本，现藏于佛罗伦萨劳伦佐图书馆（Biblioteca Laurenziana）。

33 《神曲》完篇（1321）

阁下，您在这世界上，
拥有重要的桂冠，英勇的名声，
您受人尊敬，彬彬有礼，慷慨大方；
尤其公正不阿，
身处高位的您拥有光芒万丈的美德，
因此，各个民族
听着您的传说，
都对您心怀敬畏：
我是您忠诚的仆人，
渴望看到诗人吟诵《天堂篇》的
神圣荣誉：
为此，我恳求您，
愉悦地将这株植物的花朵展示出来，
如此这般，这些花朵就能
为它们的创造者，带来应得果实，
这位创造者曾经渴望，我知道他仍渴望着，
这部作品能从您这里开始，
传播到世界各地。

可能有人会猜测，乔凡尼这首十四行诗是寄给圭多·诺韦洛的，但一位威尼斯公民自称"忠实的仆人"的对象应该是维罗纳领主，而非拉文纳领主：当时拉文纳与威尼斯正处于尖锐的冲突之中。此外,"渴望"(intende)的现在时形式也模棱两可:但丁仍在人世吗?如果诗人还活着,那么乔凡尼为什么不直接向他本人请求阅读《天堂篇》呢?因此,我认为,应该将乔凡尼的请求与但丁致坎格兰德的书信进行对照。乔凡尼知道但丁**曾渴望**将《天堂篇》的命运托付给坎格兰德("题献"与前二十曲);还知道(暗示对圭多的敌意?)诗人**仍渴望着**,他的作品能从坎格兰德开始"传遍世界"。因此,我们可以假设,此时,但丁刚刚(?)去世,一个维罗纳版本的《天堂篇》尚未"公开发表"。没有任何证据可以证明这个版本曾经"出版"过:出于我们无从得知的原因,负责《神曲》编辑与"出版"工作的不是彼埃特罗,而是雅各布,而他的关注点不在维罗纳,而在佛罗伦萨;此外,由于雅各布期待回到祖国,"圭尔夫派"圭多的支持显然要比"吉伯林派"坎格兰德的来得重要。

补 注

(页码为原书页码,即本书边码)

第15页 根据记录,在1295年7月6日的市政全体会议上,有一位 [……] herii 发言。格拉尔第(Gherardi, 1898,Ⅱ,p. 470)认为,这是 [Dante Alag] herii:正是7月6日的会议决定了"放宽政策",因此,但丁得以正式参与佛罗伦萨的政治生活。然而,市政会议(或行政长官会议)恰恰是但丁在"放宽政策"之前就可以受邀发言的机构。从诗人的作品中,我们不难发现他对病理学的兴趣,例如,对伪造钱币大师亚当(Maestro Adamo)的水肿(腹水)的描写(*If* 30.49-57),以及对癫痫的叙述(*If* 24.111-118)。在写作以"爱神在脑海中与我辩论"(*Amor che nella mente mi ragiona*)开头的诗歌的那一年,他的视力出现问题,后来,他在《飨宴》Ⅲ Ⅸ 14-16 中详细描述了自己的病症;但遗憾的是,现代学者没能做出明确的诊断。

第 20 页　阿利吉耶里家族的"政治"选择并不单一。但丁的一位堂兄,奇奥尼·阿利吉耶里,在 1306 年夏天,还因吉伯林派的身份被征税(*CDD* 97)。参 Barbi,1941,p. 332。

第 21 页　《地狱篇》第 2 曲中的著名诗行(vv. 20-27)中没有任何具体的圭尔夫派思想。皇帝们不仅乐于承认罗马是教皇的"圣地"(loco santo),甚至还充分利用这一点:"上帝决定,将权力交到罗马人手中,神意谕示,教会将位于曾经皇帝宝座所在之地"(亨利七世通谕,1312 年 6 月 29 日;*MGH*,*Const.*,Ⅳ,p. 802)。因此,将"圭尔夫派"文献与亲皇帝派文献明确区分开来的,不是关于神意谕示奥古斯都的"罗马"在先、教皇的"罗马"在后[圭尔夫派与亲皇帝派都接受这个观点。——中译者注]的论述,而是对埃涅阿斯与古罗马人,对他们取得成就的方式的不同道德判断(参 Inglese,2000,pp. 150-9;Proseperi,2013)。

第 24 页　从卡恰圭达(Cacciaguida)的名字本身,我们可以得到一点点关于他的先人的信息。由于"在历史层面上十分荒谬,在语法层面上不可接受","卡恰圭达"意味着"猎人的首领"(capocaccia)的可能性已被排除。我们应将这个名字解释为"圭达之子卡恰"(Caccia di Guida),

或"博纳圭达之子卡恰"(Caccia di Bonaguida)(Battisti,1965)。根据1131年的文献,卡恰圭达是一位"亚当"之子,这一点完全不符合"源于父名"的起名规则,因此,关于(博纳)圭达([Bona]guida)以及他的儿子卡恰(Caccia)的消息,就要在更古老的文献中寻找了。

关于诗人祖先的"贵族身份"的问题,可参考法伊尼(Faini, 2014)的研究:卡恰圭达与他的兄弟们可能认为自己属于那个时代佛罗伦萨军队的"贵族阶层",但他们的后代被13世纪上半叶形成的真正"贵族阶层"排除在外。

第25页 关于埃利塞伊家族:R. Piattoli, *ED*, Ⅱ, p. 658; F. Del Migliore, *Firenze città nobilissima*, Stamperia della Stella, Firenze 1684, p. 503,引用了一份1278年的文献:*d. Bonaccursus de Eliseis de Arcu Iudex*; D. M. Manni, *Delle antiche terme di Firenze*, Stecchi, Firenze 1751, p. 35,记录了一份1371年的公文:*Leonardus ol. d. Bonaccursi de Liseis Pop. S. Marie Nipotecose de Arcu Pietatis*;圣玛利亚涅普图马克斯小教堂位于如今卡尔扎伊奥利路与科尔索大道的交叉口,邻近《天堂篇》(16.37-39)指出的卡恰圭达的住所。

第29页 乔凡尼·薄伽丘可能从他的亲戚那里知晓了一些关于但丁的消息:他的父亲薄伽丘·第·克利诺迎

娶了玛格丽塔·德·马尔多利，马尔多利家族有一些亲戚住在老阿拉吉耶罗的后代附近（Barbi, Piattoli, 1938, p. 34）。

第30页　可以引用另一份关于嫁妆的文献证明阿拉吉耶罗之子的受洗名："拉波·里科曼尼……迎娶淑女塔娜，她是阿利吉耶罗·阿利吉耶里之女，**杜兰特**·阿利吉耶里与弗朗西斯科·阿利吉耶里之姐妹，她的嫁妆是366弗罗林金币"；我们通过一份1614年的摘要了解到这一文献，这份摘要"写在羊皮卷上，彼时由菲利普·巴尔多维尼所有"（Barbi, 1941, p. 315）。这份嫁妆比起杰玛·多纳蒂的贵重了太多，以至有人认为记录有误（Chabot 认为，可能是把里拉写成了弗罗林金币）。

第36页　《花》的作者"但丁"（？）与《神曲》的作者都将希吉尔的遭遇归咎于他的反对者的恶意，但二者对宗教裁判所判罚托斯卡纳卡特里派教徒的看法不甚相同：法利纳塔作为异教徒在地狱中接受的惩罚，在《花》中则是虚伪之人的命运。

根据安东尼奥·蒙特夫斯克（Antonio Montefusco）正在进行的研究，《花》的完成时间可能比目前公认的更晚。这一点值得关注。

补 注

第41页 巴尔比认为，但丁与弗朗西斯科的债务证明，在阿拉吉耶罗去世后，"整个家族的状况不甚富裕"（Barbi，1934，p. 158）；因此，桑塔加塔称："在这些数字背后，我们可以认识到，一次悲剧性的危机就可以击溃一个家庭。"（Santagata，2012，p. 103）事实上，由于缺乏详细的信息，现有的信息之间又不存在相关联系，我们很难判断彼时借据的价值和作用。例如，潘诺齐亚·里科曼尼是其中一位借贷人（*CDD* 58，1297），他是但丁与弗朗西斯科的姐夫/妹夫的兄弟。因此，这可能是家庭内部资源调配；直到1322年，这笔超长期借款才通过一系列复杂的动产与不动产转移还清（*CDD* 153-5）。桑塔加塔（Santagata，2012，p. 104）提到了另一个经济方面的插曲，这件事可以避免学者们过度夸张但丁家族的"贫穷境况"：1301年3月2日，阿拉吉耶罗之子但丁与弗朗西斯科为杜兰特·德·阿巴蒂担保了一笔50弗罗林金币的借款（*CDD* 78；Zingarelli，1931，p. 400）。

第60页 为了确定但丁所属的社会阶层以及他本人的经济状况，应该回头了解百人团会议成员的身份：他们包括"来自七个城市的最优秀、最忠诚的行会成员（手工艺人），以及城市区域中的其他平民，他们中的每个人至少必须支付100里拉"（1289年的法令，引自Barbi，1934，p. 147）。值得注意的是,对不动产的估价,只能代表财产的一部分。

第64页 我不认可桑塔加塔(Santagata, 2012, p. 109)的结论。桑塔加塔称,"事实上,但丁不像布鲁内托·拉蒂尼那样,在纯粹公民意识的鼓舞下,成为**中立**(super partes)的知识分子,他属于切尔基一派"。如果我们读一读那首以"甜蜜的爱情诗,我常常"开头的谈论"高贵"的抒情诗,就会发现,诗中记录的但丁政治思想与他作为"平民"的立场完全一致:他憎恨那些因"财富"(v. 18)及"出身"(vv. 35-36)而自命不凡的人。根据《但丁文献典集》的记载,在1302年之前,阿利吉耶里家族成员与切尔基派唯一的交集只是1254年3月9日的一场土地买卖。那一天,贝林丘尼·第·阿拉吉耶罗、托里贾诺·德·切尔基以及许多其他人共同出席了这场活动:根据这类文献,我们并不能做出过于大胆的推测(卖方的担保人包括杜兰特·吉亚拉蒙特西与"诗人圭多·卡瓦尔坎蒂之父"卡瓦尔坎特)。由于档案文献佚失,我们无从得知但丁在1297—1300年的"政治"活动(Zingarelli, 1931, p. 379)。1298—1299年"是由领主们独占鳌头的年份……重权在握的他们成为黑派的成员。但自1299年12月15日起,斗争突变,在执政官中白派占了绝大多数"(Parenti, 1978, p. 309)。这并不意味着但丁作为"切尔基派的一员",就自然而然地被指定为执政官:这个执政团至少要有一位黑派成员,即诺夫·圭迪。

帕兰提(Parenti, 1978, pp. 324-6)列出了80个"最杰出"的家族,这些家族都有成员曾在1295—1300年担任执政官。其中,14个家族仅有过一位执政官——阿利吉耶里家族就属于这种情况。显然,在帕兰提看来,这个家族的"杰出"之处在于那位执政官是但丁。

第66页 我认为《地狱篇》6.66的"caccerà"(驱逐)并不能解释为"assalirà"(攻击)。但丁、皮耶里与孔帕尼(ⅠXXⅢ125:1300年夏季,根据法令被驱逐的黑派头目**重新回到城中**,于1301年6月1日**出现**在圣三一教堂,之后又一次被驱逐出境[Cappi, 2013, pp. 228-9])三人一致的说法使得布里力(Brilli, 2012, p. 80)的观点不那么令人信服:布里力认为,恰科"预言"的"驱逐"指的"不是圣三一教堂集会之后的流放,而是1300年(8月)到1301年之间白派加强实力的一系列动作"。当然,在《地狱篇》第6曲(写于1304年之后)中,黑白两派的行为都遭到了诗人的痛斥。

第69页 事实上,根据孔帕尼的记录本身(ⅡXXV 121:"1302年4月……[卡洛]驱逐……但丁·阿利吉耶里，他**当时正**作为特使，在罗马执行公务"），我们无法得出但丁在佛罗伦萨遭受打击与暴力的那几日（11月）仍在罗马的结论。但《奥提姆注释》(*Pg* 32.148："卜尼法斯八世时期，但丁作为他的城市的特使，前往罗马"）与布鲁尼《但丁传》(p. 545："此时［卡洛·第·瓦卢瓦进入佛罗伦萨，又被白派驱逐出境］但丁不在佛罗伦萨，在此之前不久，他作为特使，被派往罗马拜访教皇，展示佛罗伦萨市民寻求和平的心愿"）都证实了孔帕尼的说法的真实性。

第73页　英迪奇奥（Indizio，2002b，p. 145）认为，亚历山大·达·罗梅纳在1303年上半年去世；因此，按照这位学者的观点，写于威尼托的书信二是最古老的但丁书信。

第78页　1305年8月4日的文献（*CDD* 95）缺乏辅证，不够准确，其中记载了维佐·第·维佐索从"被上述政府定罪的反叛者但丁·阿利吉耶里和他的弟弟弗朗西斯科"那里收回了他借出的麦子。

第79页　我引用的是所谓"第一个现代版本"的《奥提姆注释》(Torri，1827—1829）。而在所谓的第三个版本中，《天堂篇》17.62的注释有些不同："白派对但丁有所怀疑，因为他建议白派在冬季按兵不动，等待盟友的帮助，直到适合作战的夏季。白派听取了这一建议,然而,结果却不遂人意,因为那个答应提供帮助的盟友,没有实现他的诺言;因此,白派认为但丁被佛罗伦萨人收买,给他们出了一个坏主意。"(ms. Vat. Barb. lat. 4103,p. 330)

第83页 英迪奇奥(Indizio,2008,pp. 225-6)认为,但丁曾于1305年左右居留博洛尼亚。此外,这位学者(2004,pp. 43-50)还指出,但丁曾在1303年与1304年,"作为维罗纳的外交使者"到访帕多瓦、特雷维索与威尼斯。其主要证据似乎是《论俗语》中的威尼托*用语,英迪奇奥认为,但丁在1304—1305年于博洛尼亚完成了这部作品。然而,我的看法是:第一,若仅是一次简单的"外交"会面,诗人对格拉多·达·卡米诺的赞颂似乎有些过度;第二,1303年,但丁在维罗纳是一位"白派联盟"的代表,他并未被派往帕多瓦与特雷维索进行协商;第三,由于博洛尼亚政府与白派之间的友谊,这座城市在1304年7月到1306年2月,并不特别"合适"但丁;第四,但丁对"博洛尼亚"的认识,可能来源于他年轻时在这座城市的几次停留(1302年秋季?—1305年5月?);第五,如果1304年冬季,但丁在特雷维索写作《论俗语》,那么我们就可以

---

* 帕多瓦、特雷维索与威尼斯都属于威尼托大区。

完美地解释其中的威尼托用语了。

在以"三位淑女来到我心间"开头的诗歌中,我们无法看出但丁"从一个政治阵营转移到另一个",即从白派转为黑派:尤其当我们将101—102行("抒情诗呀,你是只有着雪白羽毛的鸟儿!/抒情诗呀,与黑色的猎狗一起去捕猎吧!")中的"uccella"当作名词(意为"鸟儿")*,理解为"canzone"(抒情诗)的同位语(参Carpi, 2013, pp. 33-4)。在与白派分道扬镳后,但丁声明"自成一派"(*Pd* 17.69),这话值得相信。

就像威尼斯造船厂一样,许多但丁记述的"看见的事物"都介于想象与现实之间:例如,诗人对"基亚斯海岸**的松林"的回忆(*Pg* 28.20)与他在1314年为拉文纳领主提供的服务有关,然而,我们只有一封但丁写给圭多·诺韦洛的书信可以证明他曾为领主服务。这一证据是个孤例,因此,学者们几乎一致认为这封信是一个16世纪的滑稽伪证(Migliorini Fissi, 1969)。

第95页 关于安德里亚·波吉的证词,英迪奇奥(Indizio, 2005, p. 280)的观点恰恰相反:安德里亚不可能

---

* 若将uccella理解为动词(不定式为"uccellare",意为捕鸟),诗歌就应为:"抒情诗呀,用你那雪白的羽毛去捕鸟吧!"
** 靠近拉文纳。

补 注

在1330年左右去世，否则，薄伽丘就无法经常拜访他了。

第95页 关于这七曲的传说，一位生活在14世纪晚期的所谓"匿名佛罗伦萨人"（Fanfani，1866—1874，tomo I，p. 204）提供了另一个完全不同的说法：杰玛与迪诺·佩里尼在一个由她的兄弟保管的箱子里，找到了作者的手稿，注释家们认为，这位兄弟是"巴切利耶里·多纳蒂"（Baccellieri de'Donati）；而事实上，他的真名是尼科洛·多纳蒂，外号巴切利耶里，他是杰玛的侄儿（参Barbi，1941，p. 312）。

第97页 卡萨德伊（Casadei，2013，p. 54）认为，迪诺·第·兰博图奇奥"在1312年到1315年之间"曾经读过《地狱篇》全文，"如果他只限于引用前七曲，并专注于重写第1曲与第2曲，那真是太不划算，也太无价值了"。但如果迪诺·第·兰博图奇奥在1309年（？）读过《地狱篇》的前2—3曲之后，才动手写作他的抒情诗，那么说他的诗歌是对奇诺的以"甜蜜的视线"（*La dolce vista*）开头的抒情诗（写于1306年4月10日**之前**）的回应，则过于牵强：因为这个说法只建立在用词一致（仅有一处！）的基础上（奇诺，v. 26："欢愉的状态"[stato allegro]；迪诺，v. 1："苦涩的状态"[stato amaro]）。薄伽丘之前的注释家们都认为,《地狱篇》第 8 曲开头的 "seguitando"（我继续叙述……）仅仅是同义叠用（pleonasmo）而已。圭多·达·比萨（Guido da Pisa）的阐释是："继续在同一圈……"，而在此之前，正如杰里（Gelli）注意到的，从第 3 曲到第 6 曲，每一曲只讲述一个"区域"或"圈"中发生的事（Negroni, 1887, vol. I, p. 471）。

第 98 页　在我看来，推测诗人在 1308 年佛罗伦萨全面纷争中可能持有的态度，推测他在科尔索·多纳蒂（他还得到了乌古乔尼·德拉·法焦拉的支持）与由罗索·德拉·托萨和帕齐诺·德·帕齐领导的权力集团（佛罗伦萨政府是他们的靠山）之间如何站队，并没有太大的意义；对但丁而言，科尔索是佛罗伦萨"毁灭"（ruina）的罪魁祸首，因此他死后必须受到惩罚（*Pg* 24.82-87）。

第 100 页　薄伽丘《但丁传》的第二个版本中，流放之旅的时间顺序是这样的："首先，他逃到**维罗纳**……然后，回到了托斯卡纳，在**卡森提诺**的萨尔瓦提克伯爵那里待了一段时间。后来，他来到了**卢尼贾纳**，与莫罗埃隆·马拉斯皮纳侯爵在一起。之后，他停留在**乌比诺**附近的山区，在德拉·法焦拉领主们的宫廷做客。接着，他前往**博洛尼亚**，再从博洛尼亚到了**帕多瓦**，一段时间后，又从帕多瓦回到了**维罗纳**"（54-7）。随后，但丁应该到了法兰西，在那里，他听说了亨利当选的消息。薄伽丘叙述的流放之旅只符合一部分的历史文献与但丁对自己生平的暗示：维罗纳（1303—1304）—阿雷佐（1304）—博洛尼亚（1304）—特雷维索（1304—1305）。

克劳迪娅·维拉（Claudia Villa，2014，pp. 1529-40）的观点值得我们花些时间思考：她认为应该从字面上理解书信四的开头，因此，作者离开的"宫廷"是亨利皇帝的宫廷，他献给莫罗埃隆的正是"《炼狱篇》的最后几曲"。所以"美丽的火焰"（flamma pulchritudinis）并不像注释家们普遍认为的那样，来自那个山间的淑女，而是指《炼狱篇》30.48中的"古老的火焰"；她的最后一个谬论则关于"囚禁了我的自由意志"的"严厉的爱"（amor terribilis），这位学者认为，这意味着但丁对贝亚特丽切"彻底的屈从"（*Pg* 30.33-39，*Pd* 31.85）。

第104页　但丁选择将自己作为《神曲》的主角，毫无疑问受到了布鲁内托·拉蒂尼的《宝书文库》（*Tesoretto*）的影响；但在拉蒂尼的作品中，主角-作者的历史形象仅限于一定范围内，当寓意深入本质时，这个形象就消失了。

第107页　为了证明但丁曾在卡森提诺停留，桑塔加塔（Santagata，2012，p. 199）采用了一位匿名注释家的说法（*Pg* 24.43-45）："为了一位来自普拉托旧城的卡森提诺的姑娘，他写了那首以'爱情，我愿……'开头的抒情诗"（Fanfani，1866—1874，tomo Ⅱ，p. 391）。

第109页　我想借此机会重申，《炼狱篇》7.96（"让其他人前去救助她［意大利］，但为时已晚"）并不意味着亨利七世因为"太晚"前往意大利而失败：这种看法是十分荒谬的；这句诗的意思是，在鲁道夫（Rodolfo）之后，将有其他人（altri）使意大利起死回生，但无论如何都太迟了：由于阿尔布雷希特一世的疏忽，意大利已经经受了太多的苦痛与悲伤。这一行诗写于亨利七世去世之前（Inglese，2011，*ad loc.*）。

第115页　《帝制论》（Ⅲ ⅩⅥ 12-3）中谈到，**某日，选帝侯***之间突然发生了争执：这一说法如此笼统，因此并不一定指1314年奥地利公爵腓特烈三世的支持者与路易四世的支持者之间的分歧。同样，在上文引述的段落中，"那些**现在**被称为……选帝侯的"中的"现在"（nunc）也不

---

*　"选帝侯"（principi elettori）指有权选举神圣罗马帝国皇帝的诸侯。

一定暗示着一场正在进行的皇帝选举（Casadei，2013，pp. 117-9；Quaglioni，2014，p. 832）。薄伽丘关于《帝制论》的观点有文本证据支持，与之相反，他关于"七曲传说"的说法则与文本证据（恰科的预言）互相矛盾。

第 124 页　严格来说，根据费德里科·第·阿拉贡的"西西里国王"头衔，我们可以判断，伊拉罗的信写于 1314 年 8 月 9 日之后（Bellomo，2013，p. 421）。

第 128 页　认为《地狱篇》的最早"痕迹"可以追溯至 1304 年的说法，是毫无根据的（Savino，2001）。

第 130 页　巴尔比（Barbi，1941，p. 328）认为，书信十二的收件人不是但丁的外甥，而是妻子杰玛的侄子尼科洛·多纳蒂。但他没能看到皮亚托利发现的文献，这些文献证明了修士伯纳多在 1315 年仍在人世。

第 134 页　关于《炼狱篇》的结尾，我不赞同彼得罗基的观点：他认为诗人在 1312 年 6 月前后就回到了维罗纳。

第 135 页　卡萨德伊（Casadei，2013，p. 62）认为，

书信的"第一"部分并不出自诗人之手,因为第 11 节中的题献必须写于《天堂篇》完成之后,因此,只可能写于但丁生前的最后几个月:当时,他已经成为拉文纳领主"家庭"中的一员。然而,在我看来,但丁可能在将《天堂篇》第 1 曲(或前几曲)寄给坎格兰德时,就写下这个题献。为什么不呢?"彼特拉克也将一首从未完成的诗献给了罗伯特·安茹"(Villa,2014,p. 1583)。

第 136 页 "dolus bonus"(善意欺骗)是一个罗马法的概念,布鲁尼奥里-斯卡尔奇亚(Brugnoli-Scarcia,1980,p. XII)将这一术语应用在语文学中:在这封书信写作的年代,"伪造通常都出于善意,他们的目的是重构一个对历史文献而言至关重要的文本,无论有无根据。伪造者认为,佚失片段是偶然事件,因此他们可以'正当地'根据自己猜测的作者意图,进行重构"。

第 140 页 我引用阿尔贝托·第·萨松尼亚(Alberto di Sassonia)一篇论文的最后几行与但丁文本的结尾用语进行对比:"这四本书中关于天与地的讨论到此为止,完成于 1366 年的求告主日*。这是令人尊敬的阿尔贝托·第·萨松

---

* 求告主日(die dominica qua cantatur Invocavit):复活节之前七周的周日。

尼亚的作品的结尾,他是巴黎学派的导师,他教授的内容是亚里士多德的《论天》与《论宇宙》。这些讨论写于巴黎的斯特拉米街"(Patar,2008)。

第141页 很多学者(例如,Albanese,2014)认为,"十罐"指的是几曲(不一定是十曲)《天堂篇》的文本。作为对梅林白提问("关于那有缺陷的俗语,我们该如何使他**改变主意**[revocare]?")的回答,这听起来似乎合乎逻辑。但"revocare"一词的意思实际上是"回答",就像布鲁尼奥里-斯卡尔奇亚(Brugnoli-Scarcia,1980)在注释中提出的那样。此外,诗歌互通的进展也更符合"牧歌"的阐释:在回复中,乔凡尼接受了挑战,并友好地祝贺但丁成为维吉尔第二,甚至称他为维吉尔转世("也许在充分灌溉的……"vv. 33-34:"你是第二个他!你是另一个他!")。阿尔巴尼思(Albanese)的观点完全基于诗中的"你的源泉"(v. 45)。他认为这一表达指的是"洗礼堂",因此可以证明,但丁给乔凡尼寄去了《天堂篇》的第25曲;这种解释似乎站不住脚:"你的源泉"很可能是但丁的那首以"我们在黑色痕迹中看见"开头的诗歌中"故乡的阿诺河边"(vv. 43-44)的另一种说法(参Brugnoli-Scarcia,1980的注释)。

缩　写

但丁（Dante）的作品：

Vn = Vita Nova，《新生》（阿拉伯数字是 Gorni 版本的段落号；罗马数字是 Barbi 版本的段落号）

Cv＝Convivio，《飨宴》

Dve＝De vulgari eloquentia，《论俗语》

Mn＝Monarchia，《帝制论》

Ep＝Epistole，《书信集》

If＝Inferno，《地狱篇》

Pg＝Purgatorio，《炼狱篇》

Pd＝Paradiso，《天堂篇》

薄伽丘（Giovanni Boccaccio）的作品：

Esp.＝Esposizioni sopra la Comedia di Dante，《详论但丁神曲》

Tratt.＝*Trattatello in laude di Dante*,《但丁传》

布鲁尼（Leonardo Bruni）的作品：
Vita＝*Vita di Dante*,《但丁传》

CDD＝*Codice Diplomatico Dantesco*,《但丁文献典集》（R. Piattoli, Gonnelli, Firenze 1950^2, 阿拉伯数字指的是文献的编码）

Compagni＝迪诺·孔帕尼（Dino Compagni）,《编年史》

Cron. fior.＝*Cronica fiorentina del secolo XIII*,《佛罗伦萨 13 世纪编年史》

DBI＝*Dizionario Biografico degli Italiani*,《意大利人传记字典》（Istituto dell'Enciclopedia Italiana, Roma 1960 ss）

ED＝*Enciclopedia Dantesca*,《但丁百科全书》（Istituto dell'Enciclopedia Italiana, Roma 1970-78, 1984^2）

MGH, Const.＝*Monumenta Germaniae Historica, Leges*, IV, *Constitutiones et acta publica imperatorum et regum*,《德

意志史·法律篇·Ⅳ·皇帝与国王的法律与法规》(Hahn, Hannover 1893 ss)

Pieri, Cron. = Paolino Pieri, *Cronica*,保利诺·皮耶里版《编年史》

*RIS*² = *Rerum Italicarum Scriptores*,《意大利史家集》

Villani, *Cron.* = Giovanni Villani, *Nuova Cronica*,乔凡尼·维兰尼《新编年史》

参考文献

(据原书影印)

ALBANESE G. (a cura di) (2014), *Egloge*, in Dante Alighieri, Opere, dir. Da M. Santagata, vol. II, Mondadori, Milano, pp. 1593-783.

ALBERANI M. (2013), *Sulle cause della morte di Dante*, in "Bollettino Dantesco", 2, pp. 31-42.

ARIAS G. (1901), *I banchieri toscani e la Santa Sede sotto Benedetto XI*, in "Archivio della Società romana di Storia patria", 24, pp. 497-504.

ARNALDI G. (1997), *Il canto di Ciacco (Lettura di If VI)*, in *Ultra terminum vagari. Scritti in onore di Carl Nylander*, a cura di B. Magnusson et al., Quasar, Roma, pp. 9-17.

AZZETTA L. (2003), *Le chiose alla Commedia di Andrea Lancia*, l'Epistola a Cangrande *e altre questioni dantesche*, in "L'Alighieri", 21, pp. 5-76.

ID. (a cura di) (2012), Andrea Lancia, *Chiose alla* Commedia, 2 voll., Salerno editrice, Roma.

BARBADORO B. (1929), *Le finanze della Repubblica fiorentina: imposta diretta e debito pubblico fino all'istituzione del Monte*, Olschki, Firenze.

BARBI M. (1925), *«Vegna il cavalier sovrano...» (Inf. XVII 72)*, in "Studi danteschi", 10, pp. 55-80.

ID. (1934), *Problemi di critica dantesca*, vol. I, Sansoni, Firenze.

ID. (1934-37), *Introduzione* a Dante Alighieri, *Il Convivio*, a cura di G. Busnelli, G. Vandelli, Le Monnier, Firenze.

ID. (1941), *Problemi di critica dantesca*, II, Sansoni, Firenze.

BARBI M., PIATTOLI R. (1938), *La casa di Dante*, in "Studi danteschi", 22, pp. 5-81.

BATTISTI C. (1965), *Una congettura sul nome di Cacciaguida*, in "Rivista di Cultura classica e medievale", 7, pp. 102-13.

BAUSI F. (2013), *Doglia mi reca nello core ardire*, in AA.VV., *Dante Alighieri. Le quin-*

dici canzoni, vol. II, Pensa Multimedia, Lecce, pp. 195-253.

BELLOMO S. (a cura di) (1989), Filippo Villani, *Expositio seu comentum super Comoedia Dantis Allegherii*, Le Lettere, Firenze.

ID. (a cura di) (1990), Jacopo Alighieri, *Chiose all'*Inferno, Antenore, Padova.

ID. (2004), *Il sorriso di Ilaro e la prima redazione in latino della* Commedia, in "Studi sul Boccaccio", 32, pp. 201-35.

ID (2013), *Il punto sull'epistola del monaco Ilaro*, in G. M. Anselmi *et al.* (a cura di), *Boccaccio e i suoi lettori. Una lunga ricezione*, il Mulino, Bologna, pp. 419-38.

BERTIN E. (2005), *La pace di Castelnuovo Magra (6 ottobre 1306). Otto argomenti per la paternità dantesca*, in "Italia medievale e umanistica", 46, pp. 1-34.

BILLANOVICH G. (a cura di) (1945), Francesco Petrarca, *Rerum memorandarum libri*, Sansoni, Firenze.

ID. (1947), *Petrarca letterato. Lo scrittoio del Petrarca*, Edizioni di Storia e Letteratura, Roma.

ID. (1965), *Tra Dante e Petrarca*, in "Italia medievale e umanistica", 8, pp. 1-44.

ID. (1981), *La tradizione del testo di Livio e le origini dell'Umanesimo*, vol. I, Antenore, Padova.

BISCARO G. (1920), *Dante Alighieri e i sortilegi di Matteo e Galeazzo Visconti contro papa Giovanni XXII*, in "Archivio storico lombardo", 47, pp. 446-81.

ID. (1921), *Dante a Ravenna*, in "Bullettino dell'Istituto storico italiano", 41, pp. 1-117.

borsa p. (2007), «Sub nomine nobilitatis».

Dante e Bartolo da Sassoferrato, in C. Berra, M. Mari (a cura di), Studi dedicati a Gennaro Barbarisi, cuem, Milano, pp. 59-121.

BRILLI E. (2012), *Firenze e il profeta. Dante fra teologia e politica*, Carocci, Roma.

BRUGNOLI G., SCARCIA R. (a cura di) (1980), Dante Alighieri, *Le Egloghe*, Ricciardi, Milano-Napoli.

BRUGNOLO F. (1987), *Le terzine della* Maestà *di Simone Martini e la prima diffusione della* Commedia, in "Medioevo romanzo", 12, pp. 135-54.

CAFFARELLI E., MARCATO C. (a cura di) (2008), *I cognomi d'Italia. Dizionario storico ed etimologico*, 2 voll., UTET, Torino.

CAMPANELLI M. (2006), *Le sentenze contro i Bianchi fiorentini del 1302. Edizione critica*, in "Bullettino dell'Istituto storico italiano per il Medio Evo", 108, pp. 187-377.

CANACCINI F. (2009), *Ghibellini e ghibellinismo in Toscana da Montaperti a Campaldino (1260-1289)*, ISIME, Roma.

CAPPI D. (a cura di) (2013), *Dino Compagni, Cronica*, Carocci, Roma.

CARDINI F. (1982), *"Nobiltà" e cavalleria nei centri urbani: problemi e interpretazioni*, in *Nobiltà e ceti dirigenti in Toscana nei secoli XI-XIII: strutture e concetti. Atti del IV convegno (Firenze, 12 dicembre 1981)*, Papafava, Firenze, pp. 13-28.

ID. (2004), «*Così è germinato questo fiore*», in Tartuferi, Scalini (2004), pp. 15-31.
CARPI U. (2004), *La nobiltà di Dante*, Polistampa, Firenze 2004.
ID. (2013), *L'Inferno dei guelfi e i principi del Purgatorio*, Franco Angeli, Milano.
CARRAI S. (1997), *La lirica toscana del Duecento*, Laterza, Roma-Bari.
CASADEI A. (2013), *Dante oltre la Commedia*, il Mulino, Bologna.
CHABOT I. (2014), *Il matrimonio di Dante*, in Milani, Montefusco (2014).
CHIAMENTI M. (a cura di) (2002), Pietro Alighieri, *Comentum super poema Comedie Dantis*, Arizona Center for Medieval and Renaissance Studies, Tempe (AZ).
CHIESA P., TABARRONI A. (a cura di) (2013), Dante Alighieri, *Monarchia*, Salerno ed., Roma.
CIASCA R. (1927), *L'arte dei medici e speziali nella storia e nel commercio fiorentino dal secolo XII al XV*, Olschki, Firenze.
CONTINI G. (1986), *Breviario di ecdotica*, Ricciardi, Milano-Napoli.
CRESPO R. (1971), *Alcuno parlare fabuloso*, in "Studi danteschi", 48, pp. 117-9.
DAVIDSOHN R. (1896), *Geschichte von Florenz*, I, Mittler, Berlin.
DAVIS CH. T. (1988), *L'Italia di Dante*, il Mulino, Bologna.
DE ROBERTIS D. (a cura di) (2002), Dante Alighieri, *Rime*, 3 voll., Le Lettere, Firenze.
DIACCIATI S., ZORZI A. (a cura di) (2013), *La legislazione antimagnatizia a Firenze*, ISIME, Roma.
DOLCINI C. (2006), *Sul tempo della Monarchia: ? – 1314*, in *Le culture di Bonifacio VIII. Atti del Convegno di Bologna (13-15 dicembre 2004)*, ISIME, Roma, pp. 63-70
DUSO E. M. (a cura di) (2002), Giovanni Quirini, *Rime*, Antenore, Roma-Padova.
FAINI E. (2014), *Ruolo sociale e memoria degli Alighieri prima di Dante*, in Milani, Montefusco (2014).
FANFANI P. (a cura di) (1866-74), Anonimo Fiorentino, *Commento alla Divina Commedia. Inferno*, 3 voll., Romagnoli, Bologna.
FENZI E. (a cura di) (2012), Dante Alighieri, *De vulgari eloquentia*, Salerno ed., Roma.
FIORAVANTI G. (a cura di) (2014), *Convivio*, in Dante Alighieri, *Opere*, dir. da M. Santagata, vol. ii, Mondadori, Milano, pp. 3-805.
FIORILLA M. (2014), *[Inferno] Canto VIII*, in E. Malato, A. Mazzucchi (a cura di), *Cento canti per cento anni*, Salerno editrice, Roma, pp. 255-79.
FORMISANO L. (a cura di) (2012), *Il Fiore e il Detto d'Amore*, Salerno editrice, Roma.
FRANCOVICH R., SCAMPOLI E. (2004), *Firenze al tempo di Dante*, in Tartuferi, Scalini (2004), pp. 32-49.
FRUGONI CH. (2005), *Gli affreschi della cappella Scrovegni a Padova*, Einaudi, Torino.
GENTILI S. (2005), *L'uomo aristotelico alle origini della letteratura italiana*, Carocci, Roma.
GHERARDI A. (a cura di) (1898), *Le Consulte della Repubblica Fiorentina dall'anno*

1280 al 1298, 2 voll., Sansoni, Firenze.

GIUNTA C. (a cura di) (2011), *Rime*, in Dante Alighieri, *Opere*, dir. da M. Santagata, vol. I, Mondadori, Milano, pp. 3-744.

GIUNTI C. (2007), *L'"antica vulgata" del capitolo di Jacopo Alighieri con un'edizione (provvisoria) del testo*, in P. Trovato (a cura di), *Nuove prospettive sulla tradizione della* Commedia, Cesati, Firenze, pp. 583-610.

GOLDTHWAITE R., MANDICH G. (1994), *Studi sulla moneta fiorentina*, Olschki, Firenze.

GORNI G. (2008), *Dante. Storia di un visionario*, Laterza, Roma-Bari.

GUALTIERI P. (2009), *Il Comune di Firenze tra Due e Trecento*, Olschki, Firenze.

INDIZIO G. (2002a), *La profezia di Niccolò e i tempi della stesura del canto XIX dell'* Inferno, in "Studi danteschi", 67, pp. 73-97 (ora in Indizio, 2013, pp. 203-21).

ID. (2002b), *Sul mittente dell'Epistola I di Dante (e la cronologia della I e della II)*, in "Rivista di Studi danteschi", 2, pp. 134-45 (ora in Indizio, 2013, pp. 189-201).

ID. (2003), *Gli argomenti esterni per la pubblicazione dell'*Inferno *e del* Purgatorio, in "Studi danteschi", 68, pp. 17-47 (ora in Indizio, 2013, pp. 223-46).

ID. (2004), *Le tappe venete dell'esilio di Dante*, in "Miscellanea Marciana", 19, pp. 35-64 (ora in Indizio, 2013, pp. 93-114).

ID. (2005), *Dante secondo i suoi antichi (e moderni) biografi: saggio per un nuovo canone dantesco*, in "Studi danteschi", 70, pp. 237-94 (ora in Indizio, 2013, pp. 127-72).

ID. (2006), *L'epistola di Ilaro: un contributo sistemico*, in "Studi danteschi", 71, pp. 191-263 (ora in Indizio, 2013, pp. 263-315).

ID. (2008), *Pietro Alighieri autore del* Comentum *e fonte minore per la vita di Dante*, in "Studi danteschi", 73, pp. 187-250 (ora in Indizio, 2013, pp. 353-401).

ID. (2009), *Supplemento a Fiore, CXXIV e CXXVI: l'Inquisizione tra fede e azione politica*, in "Rivista di Studi danteschi", 9, pp. 99-113 (ora in Indizio, 2013, pp. 173-87).

ID. (2010), *Saggio per un dizionario dantesco delle fonti minori. Gli epitafi danteschi: 1321-1483*, in "Studi danteschi", 75, pp. 269-323 (ora in Indizio, 2013, pp. 403-48).

ID. (2013), *Problemi di biografia dantesca*, Longo, Ravenna.

INGLESE G. (2000), *L'intelletto e l'amore. Studi sulla letteratura italiana del Due e Trecento*, La Nuova Italia-RCS, Milano.

ID. (a cura di) (2007), Dante Alighieri, *Commedia. Inferno*, Carocci, Roma.

ID. (2009), *Il codice Alighieri e lo scrittoio del Pievano*, "Studi e Problemi di Critica testuale", 78, pp. 9-11.

ID. (2010), *Cacciaguida*, in T. Montorfano (a cura di), *Esperimenti danteschi. Paradiso 2010*, Marietti, Genova-Milano, pp. 169-84.

ID. (a cura di) (2011), Dante Alighieri, *Commedia. Purgatorio*, Carocci, Roma.

ID. (2012), *La revisione testuale del Purgatorio*, in "Giornale storico della Letteratura italiana", 129, pp. 161-90.

ID. (2014), *Dante (?) a Cangrande. Postille*, in "Giornale storico della Letteratura italiana", 131, pp. 121-3.

LIVI G. (1921), *Dante e Bologna*, Zanichelli, Bologna.

MAZZONI F. (1995), *Problemi d'un commentatore*, in "Letture Classensi", 23, pp. 85-125.

MEDICI D. (1978), *I primi dieci anni del Priorato*, in S. Raveggi *et al.*, *Ghibellini, guelfi e popolo grasso. I detentori del potere politico a Firenze nella seconda metà del Dugento*, La Nuova Italia, Firenze 1978, pp. 165-237.

MIGLIORINI FISSI R. (1969), *La lettera pseudo-dantesca a Guido da Polenta. Edizione critica e ricerche attributive*, in "Studi danteschi", 46, pp. 101-272.

MILANI G., MONTEFUSCO A. (a cura di) (2014), *Dante attraverso i documenti. I. Famiglia e patrimonio (secolo XII-1300 circa)*, in "Reti medievali. Rivista", 15, 2.

NEGRONI C. (a cura di) (1887), Giovan Battista Gelli, *Commento edito e inedito sopra la Divina Commedia*, 2 voll., Bocca, Firenze.

ONCLIN W. (1965), *L'âge requis pour le mariage dans la doctrine canonique médiévale*, in S. Kuttner, J. J. Ryan (eds.), *Proceedings of the Second Congress of Mediaeval Canon Law*, Città del Vaticano.

ORIOLI E. (1896), *Documenti bolognesi sulla fazione dei Bianchi*, in "Atti e Memorie della Regia Deputazione di Storia patria per le Provincie di Romagna", 14, pp. 1-13.

ORLANDO S. (a cura di) (2005), *Rime due e trecentesche tratte dall'Archivio di Stato di Bologna*, CTL, Bologna.

PAATZ W. E. (1940-54), *Die Kirchen von Florenz*, 6 voll., Klostermann, Frankfurt am Main.

PADOAN G. (1993), *Il lungo cammino del "poema sacro"*, Olschki, Firenze.

ID. (1998), *Il vicariato cesareo dello Scaligero. Per la datazione dell'epistola a Cangrande*, in "Lettere italiane", 50, pp. 161-75.

PAOLI C. (1865), *Le cavallate fiorentine nei secoli XIII e XIV*, in "Archivio storico italiano", s. III, tomo I, pp. 53-94.

PARENTI P. (1978), *Dagli Ordinamenti di Giustizia alle lotte tra Bianchi e Neri*, in S. Raveggi *et al.*, *Ghibellini, guelfi e popolo grasso. I detentori del potere politico a Firenze nella seconda metà del Dugento*, La Nuova Italia, Firenze, pp. 239-326.

PARODI E. G. (1920), *Poesia e storia nella* Divina Commedia, Perrella, Napoli; nuova ed. a cura di G. Folena, P. V. Mengaldo, Neri Pozza, Vicenza 1965.

PASCOLI G. (1902), *La mirabile visione*, Muglia, Messina.

PASQUINI E. (2007), *Vita di Dante*, Rizzoli, Milano.

ID. (2008), *Riflessioni sulla genesi della* Commedia, in A. Cottignoli *et al.* (a cura di),

Dante e la fabbrica della Commedia, Longo, Ravenna, pp. 16-36.

PASTORE STOCCHI M. (a cura di) (2012), Dante Alighieri, *Epistole. Ecloge. Questio de situ et forma aque et terre*, Antenore, Roma-Padova.

PATAR B. (a cura di) (2008), *Alberti de Saxonia Quæstiones in Aristotelis De cælo*, Peeters Publishers, Leuven.

PIATTOLI R. (1969), *Aggiunte al Codice Diplomatico Dantesco*, in "Archivio storico italiano", 127, pp. 3-108.

POLLIDORI V. (1995), *Le rime di Guido Orlandi (edizione critica)*, in "Studi di Filologia italiana", 53, pp. 55-202.

PROSPERI V. (2013), *Omero sconfitto. Ricerche sul mito di Troia dall'antichità al Rinascimento*, Storia e Letteratura, Roma.

QUAGLIONI D. (a cura di) (2014), *Monarchia*, in Dante Alighieri, *Opere*, dir. da M. Santagata, vol. II, Mondadori, Milano, pp. 807-1415.

RAJNA P. (1909), *Testo della lettera di frate Ilario e osservazioni sul suo valore storico*, in AA.VV., *Dante e la lunigiana*, Hoepli, Milano, pp. 233-85.

REA R., INGLESE G. (a cura di) (2011), Guido Cavalcanti, *Rime*, Carocci, Roma.

RENELLO G. P. (2013), *A proposito della* Monarchia*. Note in margine al ritrovamento del ms. Additional 6891*, in "L'Alighieri", 41, pp. 115-56.

RICCI C. (1891), *L'ultimo rifugio di Dante Alighieri*, Hoepli, Milano (nuova ed).

RIZZO S. (1984), *Il lessico filologico degli umanisti*, Storia e Letteratura, Roma.

ROSSEBASTIANO A., PAPA E. (a cura di) (2005), *I nomi di persona in Italia. Dizionario storico ed etimologico*, 2 voll., UTET, Torino.

ROSSI L. (2003), *Dante, la* Rose *e il* Fiore, in J. Bartuschat, L. Rossi (a cura di), *Studi sul canone letterario del Trecento. Per Michelangelo Picone*, Longo, Ravenna, pp. 9-32.

ID. (2004), *Jean de Meun e Guido Guinizelli a Bologna*, in *Bologna nel Medioevo*, in "Quaderni di Filologia romanza", 17, Pàtron, Bologna, pp. 87-108.

RUBINSTEIN N. (1939), *La lotta contro i magnati a Firenze. II*, Olschki, Firenze.

SALAVERT Y ROCA V. (1956), *Cerdeña y la expansión mediterránea de la Corona de Aragón*, 2 voll., CSIC, Madrid.

SALVEMINI G. (1899), *Magnati e popolani in Firenze dal 1280 al 1295*; nuova ed. Einaudi, Torino 1960.

SANTAGATA M. (2012), *Dante. Il romanzo della sua vita*, Mondadori, Milano.

SASSO G. (2008), *Le autobiografie di Dante*, Bibliopolis, Napoli.

SAVINO G. (2001), *A proposito di una recente scoperta dantesca*, in "Studi danteschi", 66, pp. 279-84.

SCHEFFER-BOICHORST P. (1882), *Aus Dantes Verbannung*, K. J. Trübner, Strassburg.

SCHIAPARELLI L. (a cura di) (1913), *Le carte del monastero di S. Maria in Firenze*

(Badia), Loescher, Roma.

SEGRE C. (a cura di) (1980), *Volgarizzamenti del Due e Trecento*, UTET, Torino.

SHAW P. (2011), *Un secondo manoscritto londinese della* Monarchia, in "Studi danteschi", 76, pp. 223-64.

STOPPELLI P. (2011), *Dante e la paternità del* Fiore, Salerno editrice, Roma.

SZNURA F. (2014), *I debiti di Dante*, in Milani, Montefusco (2014).

TANTURLI G. (a cura di) (1997), FilippoVillani, *De origine civitatis Florentie*, Antenore, Padova.

TARTUFERI A., SCALINI M. (a cura di) (2004), *L'Arte a Firenze nell'età di Dante (1250-1300)*, Giunti, Firenze-Milano.

TAVONI M. (1992), *Effrazione battesimale tra i simoniaci (If XIX 13-21)*, in "Rivista di Letteratura italiana", 10, pp. 457-512.

ID. (a cura di) (2011), *De vulgari eloquentia*, in Dante Alighieri, *Opere*, dir. M. Santagata, vol. I, Mondadori, Milano, pp. 1065-547.

TODESCHINI G. (1872), *Scritti su Dante*, Burato, Vicenza.

TORRACA F. (1921), *Il Fiore*, in "Bullettino dell'Istituto storico italiano", 41, pp. 143-69.

TORRI A. (a cura di) (1827-29), *L'Ottimo Commento della Divina Commedia*, 3 voll., Capurro, Pisa.

VALERIO G. (1985), *La cronologia dei primi volgarizzamenti dell'Eneide e la diffusione della* Commedia, in "Medioevo romanzo", 10, pp. 3-18.

VILLA C. (a cura di) (2014), *Epistole*, in Dante Alighieri, *Opere*, dir. da M. Santagata, vol. II, Mondadori, Milano, pp. 1417-592.

VINAY G. (a cura di) (1950), Dante Alighieri, *Monarchia*, Sansoni, Firenze.

ZDEKAUER L. (1886), *Le doti in Firenze nel Dugento*, in "Miscellanea fiorentina", I, pp. 97-103.

ZINGARELLI N. (1931), *La vita, i tempi e le opere di Dante*, 2 voll., Vallardi, Milano.

ZUG TUCCI H. (1993), *Henricus coronatus corona ferrea*, in *Il viaggio di Enrico VII in Italia*, Edimond, Città di Castello, pp. 29-39.

译后记

但丁从未写过自传,因此,对他的个人生活及其所处时代的历史-社会环境的重构显得尤为重要,当然,也尤为艰难。在《但丁的生平》中,作者综合考察了14世纪以来档案中的历史文献,同时期传记作者的记载与书写,以及从但丁作品中"抽丝剥茧"般找出的诗人对个人经历的描述及暗示,他以严谨的史学-语文学治学态度,在对但丁生活年代的政治与社会背景充分研究的情况下,尝试勾勒出"但丁自传"的轮廓。"这部传记来自一个批评家的筛子,旨在从糠中筛出小麦。这种重建方式体现出作者是以一种真正基于文本的语文学家与批评家的态度进行写作的,也含蓄地展示了一个学者在面对任何一种古代文本与研究时所应采取的治学方式。"(Luigi Buttiglieri 语)

由于目前还没有一部中文版本的但丁生平语文学系统重构,我决定翻译这本兼具学术严谨与阅读趣味的"小"

书。作者因格莱塞教授的主要研究方向为意大利中世纪及文艺复兴的语文学与文学，特别在但丁学与马基雅维利学方面有重要的成就，他本人也被认为是目前意大利学界最重要的但丁学者之一。因此，可以说，作者多年的研究为这本书的学术价值提供了可信的保证。这些年，我有幸近距离地观察了因格莱塞教授编注但丁逝世七百周年意大利国家版《神曲》的工作，这一宝贵的经历使我得以直观地认识到，在像《神曲》这样复杂手抄本传统中应用拉赫曼－马尔斯（lachmanniano-maasiano）语文学方法的准则，究竟意味着什么。

作为"中世纪的最后一个诗人"与"现代意大利语的奠基者"，但丁处在一个从拉丁语到俗语的特殊过渡时期。虽然超过六成的现代意大利语单词来自但丁的时期，但这两种"语言"之间仍存在着明显的差异。因此，在翻译文本的过程中，兼顾中世纪拉丁语、"俗语"与现代意大利语三种"语言"，保证表达准确，同时忠实原文的语言风格，变得相当困难。并且，对了解但丁生平与思想而言，语言本身就是一个极为重要的手段。因此，除了在关键词句后附上原文供读者参考比照外，我还以译者注的形式，通过提供必要的背景知识与进一步阐明文本之所指，尝试在向读者展示原文深意的同时，尽可能地尊重语言本身的微妙之处，努力以谨慎的态度在精准明晰与繁复多余之间保持平衡。

译后记

在翻译过程中，另一个颇费思量的问题是如何处理书中的人名与人物称呼。在中世纪（及其后很长一段时间）的意大利，姓氏尚未普及，只有部分人（其中大多属于贵族阶层或古老的家族）拥有现代意义上的"姓氏"，除这些人之外，书中出现的主要有以下两种情况：其一，以父名/祖名称呼，例如，Andrea di Poggi（意为"波吉［Poggi］之子安德里亚［Andrea］"）；其二，以出生地称呼某人，例如，Niccolò da Prato（意为"来自普拉托［Prato］的尼科洛［Niccolò］）。对此，除了一些强调亲属关系与地缘关系的特殊语境，我采取的方式都是将介词音译：di（……的）作"第"，da（来自……）作"达"，这种译法最著名的例子就是达·芬奇（芬奇是他的出生地）。这种方式胜在简洁，可减少阅读障碍，然而不可避免的弊端是，相较于"某人之子某某"与"来自某地的某人"这种尤其多见于古典文学作品中的译法，有时可能会减弱对人物之间关系的表现。此外，书中同一人物可能有多种称呼方式，我遵照上述原则，统一名称，只在具体语境需要强调时翻译别称，同时以译者注的形式加以说明（例如，教皇当选之前的俗名与之后的教皇名）。

同样棘手的还有中世纪文本的"标题"。但丁时代的十四行诗、抒情诗及长诗等一般没有标题，人们通常用正文的第一行指代作品。对此，我采取的译法是"以'……'

（正文第一行引文）开头的十四行诗/抒情诗"，并在首次出现时附上原文。此译法虽不可避免地显得繁复拖沓，但在与作者商量之后，这似乎是目前我们可以找到的最准确合宜的解决方式。而关于但丁书信的"标题"，学界有不同的看法，我采取了作者认同的观点，即将书信的开头视作标题，引用时也一并标出序号（例如"书信十三《赞颂您的慷慨》"）。

书中引用了大量的历史文献，对其中专有名词的翻译也颇费周章。以"官职"为例，但丁时代佛罗伦萨的政治体制与行政机构处在频繁的变化中，有时，在隔三岔五的改朝换代之后，"官职"名不变，但工作性质发生了巨大变化，或"官职"名变，但换汤不换药，工作性质几乎没有变化。甚至有时，就像上述人物称呼的情况一样，同样的官职在同一时期甚至有不同的叫法，例如执政团（Priorato）也被称为"Signoria"（意为"领主统治"，即统治者为领主的政治体制），但这并不意味着任何政体的改变，也没有反共和的独裁暗示，仅仅是因为执政团的办公所在地靠近"领主广场"。此类情况还有很多，大部分专有名词背后都包含了特定的历史背景与复杂的含义，再加之绝大多数的官职在中文语境中没有对应，现有的部分中译之间也未达成一致，给翻译造成了不小的困扰。对此，我参考了马基雅维利《佛罗伦萨史》（李活译，商务印书馆

1996年版）与布鲁克尔《文艺复兴时期的佛罗伦萨》（朱龙华译，生活·读书·新知三联书店1985年版）中译本里的一些用法，并在作者的指导下进行了调整，尽可能地真实呈现彼时的政治历史环境，同时，在重要官职第一次出现时附上原文，以供参考。类似"官职"的状况还有许多，在此不一一赘述。就这一方面而言，我非常认同鲁迅先生的"硬译"观点，毕竟在学术专业问题上，首先应努力保证的，便是忠实与准确。

翻译本书的过程中，作者不仅就文本本身做出解释，还根据中国读者的需要对原文进行了修改，调整了某些表达方式，删除了某些过于复杂与专业的话题，使主体内容更加突出。在此，我想特别感谢因格莱塞教授。此外，就书中的中世纪拉丁文、13世纪的十四行诗以及意大利中世纪政治史等问题，我请教过多位学界前辈和同人，其中尤其感谢罗马第一大学古典系研究员Andrea Marcucci博士不厌其烦的指导与帮助。最后，我还想感谢本书责编周玖龄为本书花费的时间与精力：从推动选题，到试译，再到翻译过程中的种种状况，周编辑对一本好书的热情，对工作的耐心与细致都给我留下了深刻的印象。

但丁的学问博大精深，他的个人生活与所处的历史环境仍有许多值得探寻的空间，研究从未停息，本书作者则提供了一种精妙谨慎的重构可能。我很荣幸能将这样一本史料丰富，能让读者在诗人生活的语境中"从但丁出发，了解但丁"的有趣的学术著作介绍给更多读者，但在翻译的过程中，我也深刻感受到自己对原文的领会以及中文表达能力的不足，译文中难免存在疏漏与不妥之处，敬请读者批评指正。

游雨泽

2021 年 3 月 28 日于罗马